HEIÐAS TRAUM

Der Hof Ljótarstaðir wird schon seit dem zwölften Jahrhundert bewirtschaftet, was man an den Ascheschichten erkennen kann, die bei Ausgrabungen freigelegt wurden. In Island gibt es noch einen weiteren Hof mit demselben Namen, Ljótarstaðir in Landeyjar an der Südküste.

Darüber, wie der Hof zu seinem Namen gekommen ist, kursieren verschiedene Theorien, eine ist, dass er nach dem Siedler Ljótur benannt wurde, der hier unter einem Erdhügel begraben sein soll. Eine andere, dass sich der Hofname auf den Frauennamen Ljótunn bezieht.

Aber die schönste Theorie ist die, an die ich mich halten werde ... ich habe sie letztens rein zufällig in einem Heimatmuseum im Norden gehört. Der Museumsmitarbeiter brachte den Hofnamen Ljótarstaðir mit einer alten, mir bis dahin unbekannten Formulierung in Zusammenhang, die sich um Licht dreht. Sie lautet: *Birtunni ljótar yfir*, was so viel heißt wie *die Helligkeit legt sich über.*

Das klingt logisch, weil Ljótarstaðir in einer offenen, weiten Landschaft liegt und früh von der Sonne beschienen wird. Nach Snæbýli, dem anderen Hof im Tal direkt am Hang, kommt die Sonne erst später.

Also bedeutet Ljótarstaðir: der Hof, wo die Helligkeit ist. Das ist mein Hof.

* * *

Auf dem Heimweg freue ich mich jedes Mal, die An-
höhe Fitarholt zu erreichen. Da halte ich manchmal an und
lasse den Blick schweifen, nach Hause nach Ljótarstaðir, zu meinen königsblauen Hausdächern, durch das Tal, das Krókur genannt wird. Von dort kann man weit ins Landesinnere schauen,
zu den Bergen hinter dem Fluss Tungufljót. Die Aussicht reicht
bis zum Mýrdalsjökull-Gletscher, zu den Höhenzügen westlich
und nördlich des Hofs, wo die Gipfel Kvalningshnúkar und
Fjalldalsbrún aufragen. Dahinter sieht man die Hochlandweiden von Skaftártunga und Álftaver.
Die Gebäude in Ljótarstaðir liegen auf knapp zweihundert Metern Höhe, dahinter steigt das Gelände rasch an. Mein Land,
das für isländische Verhältnisse riesengroß ist, besteht größtenteils aus Wildnis, jenseits der Grenzen zum Hochland. Die
Ortsnamen zeugen davon, wie schneereich es hier ist: Snjóagil,
Schneeschlucht, in Ljótarstaðir und Snjódalagljúfur, Schnee-
tälerklamm, in Snæbýli … und im Frühling wird es erst spät
grün. Kaum einer reißt sich darum, in dieser rauen Gegend zu
leben, geschweige denn als Einzelkämpfer. In einem Blog habe
ich einmal gelesen, mein Hof läge »an der Grenze zur bewohn-
baren Welt«. Das hört man natürlich öfter, meistens mit dem
Zusatz, dass sich hier doch die Füchse gute Nacht sagen.
Deshalb ist es merkwürdig, geradezu irrwitzig, dass ich von
Anfang an um meine Existenz kämpfen musste. Der letzte und
weitaus härteste Kampf, der mit dem Energieunternehmen
Suðurorka wegen des Búland-Kraftwerks, hält seit 2010 an und
führte dazu, dass ich mich gezwungen sah, in die Gemeindepolitik zu gehen. Um die Kommune und mein eigenes Land
zu schützen … und mehr als das. Die geplanten Anlagen hät-
ten sich über die gesamte Skaftártunga-Region erstreckt, vom
Hochlandcenter Hólaskjól im Norden bis zur Ringstraße im
Süden, mit einem kleinen Ausläufer nach Ljótarstaðir – in Form

eines sechzig Meter hohen Staudamms in meiner Schlucht. So hoch wie der Turm der Hallgrímskirkja in Reykjavík. Ein zehn Quadratkilometer großer Stausee sollte in vier Kilometern Luftlinie von meiner Waschküchentür entstehen. Auf meinem besten Weideland ... wo es im Frühling als Erstes grün wird.

Für eine Einzelbäuerin mit fünfhundert Schafen steht es nicht gerade oben auf der Wunschliste, sich einen zeitraubenden und quasi unbezahlten verantwortungsvollen Posten im Gemeinderat aufzuhalsen. Immerhin ist die Landwirtschaft schon zeitweise ein Vollzeitjob und mehr als das.

Dieser Kampf hat mich unmenschlich viel Kraft gekostet.

SOMMER

Traktor

Der Sommer ist eine großartige Jahreszeit, mit seinem Wachstum, dem vielen Licht. Aber ich habe keine Zeit, mich nackt im Tau zu wälzen, wie man es dem Volksglauben nach in der Mittsommernacht tun soll, um heilende Energie zu tanken. Ich muss nachts schlafen und wäre viel zu müde dafür. Im Sommer halte ich mich überwiegend im Haus auf, und zwar im Führerhaus meines Traktors.

Ich bin auf dem Traktor groß geworden. Auf einem Massey Ferguson ohne Bremse. Der hatte allerdings kein Führerhaus, deshalb saß ich unter freiem Himmel, bekam viel Sonne ab und wurde knackbraun. Aber im Führerhaus – keine Chance.

Ich fahre gern Traktor. Dabei kann man noch ganz andere Dinge machen, als zu mähen und schwaden … zum Beispiel sich am Steuer Verse ausdenken.

Wir Schwestern können alle gut reimen. Arndís, die mit siebzehn starb, war auch eine gute Dichterin. Ásta, Fanney und ich gehen öfter zu Poesietreffen und tragen dort zum Spaß Verse vor.

Meine Eltern brachten uns Mädchen systematisch Verse und Gedichte bei. Der Rhythmus bleibt einem im Gedächtnis haften.

Nun entfacht den Renner die eigene Glut.
Der Huf trifft den Pfad wie peitschender Wind.
Die Reiter verstummen und sind auf der Hut.
Wie geschwungene Wipfel die Mähnen sind.

Es brandet ein Schaum um die fauchenden Lippen.
Die Haut spannt sich gläsern auf stählernen Rippen.
Und jede Bewegung schreibt sicher und blind
ihrer Vollendung Ruhm auf die bröckelnden Klippen.
(Rösser von Einar Benediktsson [1864–1940],
übersetzt von Jóhann Jónsson)

Gibt es etwas Eindrucksvolleres? Fantastisch, wie der Rhythmus langsam einsetzt und sich dann immer weiter steigert.

Das Dichterblut haben wir von unserem Urgroßvater mütterlicherseits, Bjarni von Vogur. In der Familie meines Vaters gab es auch gute Dichter, und Papa war unglaublich schlagfertig und scharfzüngig. Mama liebt die isländische Sprache und ist ein Bücherwurm. Früher hat sie auch gern Verse geschmiedet, meint aber, sie hätte es aufgegeben, als meine Schwestern und ich besser wurden.

Ich konnte immer gut Wörter aneinanderreihen und Verse dichten. Schon als Kind habe ich gehört, ob etwas gut oder schlecht gereimt war. Entweder man hat's, oder man hat's nicht. Aber ich mache auch noch andere Dinge auf dem Trecker. Wer so tanzwütig ist wie ich, der tanzt dort natürlich auch. Dafür dürfte das Führerhaus allerdings ein bisschen größer sein. Mein Nachbar hat einen großen Traktor, den er mir mal geliehen hat … das war richtiger Luxus, auf dem zu tanzen.

Wenn es irgendwie möglich ist, mache ich auf dem Traktor Multitasking … ich hänge viel am Handy und schreibe Mails, während ich gleichzeitig schwade, wende und mähe, aber natürlich nur auf dem Feld, nicht auf den Wegen. In der Gemeindepolitik muss man viel telefonieren und bei dem Kampf um das Búland-Kraftwerk auch. Klar, dass die Telefoniererei nicht weniger wurde, nachdem man mich gebeten hatte, bei der Parlamentswahl im Oktober 2016 einen vorderen Listenplatz für die Links-Grünen im Wahlkreis Süd einzunehmen.

Inzwischen kriege ich es sogar hin, beim Treckerfahren auf Snapchat zu posten. Dabei esse ich Obst, werfe die Bananen- und Orangenschalen und Apfelkitsche aus dem Fenster ... zur Verzierung des Heus.

Ich habe einen Valtra A 95, Jahrgang 2007. Mein guter alter Gráni ist ein Wirtschaftsboom-Traktor, was man am Jahrgang erkennen kann, einer von vielen auf isländischen Bauernhöfen. Er ist der Haupttraktor und wird für alles benutzt bis aufs Heu- wenden, dafür nehme ich meinen anderen Traktor, einen Mas- sey Ferguson 165, Jahrgang 1974. Er heißt Grímur und ist der einzige von den alten Treckern aus meiner Kindheit, der noch übrig ist. Die anderen wurden verkauft ... den letzten musste ich für die Komplettüberholung von Grímur hergeben, der in einem ziemlich schlechten Zustand war.

Mit dem alten Gráni gehe ich sorgsam um. Meistens ist er sauber und poliert, gut in Schuss, aber natürlich schon ziemlich alt, neun Jahre und viel gefahren. Es ist extrem wichtig, dass der Traktor gut gepflegt wird, er ist ja stunden- und tagelang am Stück mein Arbeitsplatz. Gráni ist ein echter Harlem-Trecker, Typ billig und schlicht, ruckelig und ohne jeden Luxus, dafür aber robust, zuverlässig und wartungsarm. Er tut's und funk- tioniert, und das ist völlig ausreichend, ich hätte aber schon gern einen bequemeren und besseren Traktor. Zum Beispiel einen neuen und größeren Valtra. Oder irgendein zuverläs- siges, stabiles Modell mit hydraulischer Wendeschaltung. Ein stufenloses Getriebe wäre auch super, gefederte Vorderachse und Luftsitz. Genau das Richtige für eine Frau, die sehr bald ins mittlere Alter kommt. Eine Stereoanlage mit USB-Anschluss und ein etwas komfortablerer Hundeplatz für meinen geliebten Fífill wären das Sahnehäubchen.

Laut Stundenzähler ist Gráni in den letzten neun Jahren durchschnittlich fünfhundertsiebzehn Stunden pro Jahr gelaufen. Das sind circa einundzwanzig Tage und Nächte oder zweiundvierzig zwölfstündige Arbeitstage. Natürlich schwankt die Nutzung je nach Jahreszeit … aber der Sommer findet größtenteils auf dem Trecker statt.

In Island ist es regional unterschiedlich, wie stark Frauen an der Arbeit mit den Landmaschinen beteiligt sind, hier in Skaftártunga war es jedenfalls immer üblich, dass Mädchen Traktor fahren.

In meiner Gegend gibt es grundsätzlich keine Unterscheidung in Männer- und Frauenarbeit. Diese Begriffe kannte ich gar nicht. Als ich sie zum ersten Mal hörte, auf der Landwirtschaftshochschule in Hvanneyri, da dachte ich, das wäre ein Witz. Es hat nur keiner gelacht, außer mir.

Diese Traktorsitze sind eine echte Belastung für den Körper. Man kann zwölf Stunden durchhalten, aber wenn es noch länger wird, tut einem alles weh. Die Heuernte ist so stressig, dass man den Traktor nur im Notfall verlässt … um kurz zu tanken oder etwas zu essen. Dann kommt Mama mit dem Jeep und bringt mir Verpflegung aufs Feld. Heu mache ich zusammen mit meinem Nachbarn Palli … der ist bei der Heuernte auch allein, so wie ich. Wenn wir bei ihm Heu machen und seine Frau auf der Arbeit ist, kümmern sich seine Eltern ums Essen und bringen uns Proviant.

Die lange Sitzerei auf dem ruckelnden Traktor ist natürlich schlecht für den Rücken. Zum Ausgleich hängt man sich zwischendurch mal an den Frontlader, wie Wäsche an der Leine.

Bei Sonne wird es auf dem Trecker unangenehm warm. Meiner ist nicht klimatisiert, so wie bessere Traktoren. Normalerweise kann ich die Fenster nicht auflassen, weil er sehr laut ist, vor allem wenn er schwere Maschinen zieht und bei hoher Drehzahl läuft. Teurere Traktoren haben eine bessere Motorschall-dämmung, während so ein Harlem-Trecker wie meiner mehr knattert. Aber ich mag diesen Motor, auch wenn er laut ist. Er ist verlässlich und stark ... völlig okay, solange er anspringt und seinen Job macht.

Fífill, mein Schäferhund, den ich jetzt ein knappes Jahr habe, fährt mit mir Trecker, seit er ganz klein war. Mittlerweile ist er schon so groß, dass er fast den gesamten Innenraum einnimmt. Aber er hat schnell gelernt, wie er liegen muss, damit alles passt. Letztens gab es allerdings eine Schrecksekunde, weil Fífill so müde war, dass er sich unabsichtlich gedreht hat und genau auf meinem Fuß auf dem Gaspedal gelandet ist. Der Hund ist so schwer, dass ich mit meinem Fuß Powerlifting machen musste. Aber es war letztendlich nicht wirklich gefährlich, der Traktor fährt ja langsam und hat eine lange Reaktionszeit, außerdem habe ich jahrelange Fahrpraxis.

Ab und zu lasse ich den Hund raus, dann läuft er mit und rennt durch die Gegend. Er springt selbst vom Traktor und würde natürlich auch aus eigener Kraft wieder hochkommen, aber ich will sichergehen, dass ihm nichts passiert. Deshalb stellt er die Vorderbeine aufs Trittbrett, und ich hebe ihn hinten an, sodass er reinkommt. Er hat gerade genug Platz, um sich einmal um-zudrehen. Sobald ich wieder eingestiegen bin, stellt er sich un-ter meine Beine, mit dem Kopf zur Tür, und legt sich hin, den Schwanz auf dem Gaspedal.

Fífill wird noch kräftiger und schwerer werden und bald vier-zig Kilo wiegen. Er bekommt zweimal täglich Futter, frisst ein Kilo Innereien am Tag, doppelt so viel wie mein alter Hund. Wenn er ausgewachsen ist, frisst er weniger. Meine Freundin Adda von Herjólfsstaðir hat erzählt, dass Schäferhunde bis zu einem Alter von zwei Jahren wachsen.

Dieser wunderschöne Hund stammt aus einer guten Zucht ...

er wurde gezüchtet, um perfekt zu sein. Die Züchterin, von der ich ihn habe, züchtet seit zwanzig Jahren Schäferhunde.

Mein Fífill ist ein ganz besonderes Tier, sanft und freundlich und ein unglaublich guter Kamerad. Von der Appetitlosigkeit und dem Gewichtsverlust im Frühjahr hat er sich wieder gut erholt. Zur Lammzeit bin ich natürlich sehr viel draußen, und dann will er immer dabei sein ... deshalb hat er nicht genug geschlafen, sich überanstrengt und abgenommen. Jetzt ist er wieder gut genährt und sieht super aus.

Fífill ist mir beim Tanzen nicht im Weg, weil ich auf dem Trecker sowieso nur mit dem Oberkörper tanzen kann. Und er mag es, wenn ich aus vollem Hals singe ... ich singe gern, und auf dem Trecker singt es sich besonders gut.

Als ich klein war, haben wir viel gesungen. Es wurde andauernd gesungen, zu Hause und im Auto. Papa hatte eine sehr schöne Tenorstimme, kam ganz hoch und ganz tief. Wenn er Gesang studiert hätte, hätte er es bestimmt weit gebracht. Er konnte auch gut *Rímur* singen, die traditionellen epischen Gedichte Islands, und wurde bei Festen immer darum gebeten. Mama hat einen richtig schönen Sopran. Sie war immer im Kirchenchor, bis heute. Von uns Schwestern hat keine ihre schöne Stimme geerbt.

Ich höre viel Musik, querbeet, wenn's sein muss auch Männerchöre, einfach alles. Von isländischem Reggae bis zu Popmusik ... und die guten alten Metaller von Guns N' Roses, Metallica und AC/DC sind sowieso die Besten.

Mama kennt unendlich viele Musicaltexte und alle möglichen anderen Lieder. Wir Schwestern und einige meiner Nichten haben das Jukebox-Syndrom, wie meine Cousine Birna es nennt. Wenn ich einen Namen höre, singe ich den passenden Song dazu. Ein bestimmter Takt, Hammerschläge oder Hufgetrappel, löst bei mir sofort ein Lied aus. Weihnachtspsalme kann

ich besonders gut behalten. Die fallen mir aus irgendeinem dubiosen Grund immer ausgerechnet zur Lammzeit ein!
Mein Kopf ist voll mit Songs, Musicaltexten und Gedichten. Aber die Nummer vom Ölfilter des Treckers kann ich mir nie merken.

Heiða als Rednerin

Ich finde es überall schön, wo ich hinkomme, und es fällt mir nicht schwer, das auch zu zeigen. Jeder Ort hat seinen Charme, und mein Bergland, mein Bergsaal bedeutet mir sehr viel. Als ich klein war, hatten die Bauern beim Anblick eines Tautropfens oder eines Felsmassivs keine Tränen in den Augen – oder bemühten sich zumindest hartnäckig, sie zu verbergen. Wenn wir früher Besuch bekamen und die Leute sich die Hälse ausrenkten bei der Aussicht auf die umliegenden Berge und den blauen Fluss und sich darüber ausließen, wie traumhaft schön das alles sei, wurde mein alter Vater ganz verlegen, wechselte das Thema und scheuchte die Gäste zum Kaffee ins Haus, damit sie mit diesem sentimentalen Gequatsche aufhörten.

Ásgeir und die Mädchen

Meine Eltern und wir Schwestern erledigten alle Arbeiten gemeinsam. Papa war geschickt im Aufgabenverteilen und hatte uns immer mit dabei. Was das betrifft, war er wirklich super. Als wir klein waren, zog er uns auf einem Schlitten zum Schafstall – bis wir selbst laufen konnten. Es hieß immer »Ásgeir und die Mädchen«, und wir waren nicht nur zu Hause bei allem dabei … auch wenn in der Nachbarschaft gemeinschaftliche Aufgaben anstanden, durften wir mit.

Meine großen Schwestern waren echte Wikinger. Papa nahm Ásta schon als Teenager mit, wenn die Schafe von den Hochlandweiden getrieben wurden. Sie und Habba von Snæbýli waren die ersten Frauen in Skaftártunga, die beim Schafabtrieb mitmachten, im Jahr 1977. Heutzutage kommen immer ein paar Frauen mit, aber meine Freundin Ella von Úthlíð und ich sind am längsten dabei … vor bald fünfundzwanzig Jahren das erste Mal, damals noch zu Pferde, heute beide mit Quads.

Irgendwann begriff ich, dass es hier in Skaftártunga im Vergleich zu anderen Gegenden viel üblicher war, dass Frauen dieselben Arbeiten machten wie Männer. Jedenfalls dachten Oddný Steina, Ellas Schwester, und ich, es wäre ein Witz, als auf der Landwirtschaftsschule in Hvanneyri das erste Mal von Männerarbeit die Rede war. Und niemand lachte, außer uns.

So ging es den ganzen Winter weiter. Es gab kernige, intelligente Mädels vom Land, die noch nie Trecker gefahren waren, noch nie einen Ölfilter gewechselt hatten, noch nie richtig ausgemistet hatten. Wir hörten andauernd »Männerarbeit!

Frauenarbeit!« und waren total irritiert. Oddný Steina ist genauso aufgewachsen wie ich. Dabei waren die Verhältnisse auf unseren Höfen unterschiedlich, weil sie mit zwei Brüdern groß wurde und es bei mir zu Hause nur Mädchen gab, außer im Sommer, da halfen manchmal ein oder zwei Jungs mit. Oddný Steina und ich hatten jedenfalls schon hundertmal Wellblech auf Dächer genagelt, Reifen gewechselt, natürlich auch beim Traktor, und sämtliche Arbeiten genauso gemacht wie die Männer. Das war keine große Sache, und niemand hielt es für etwas Besonderes.

Ich würde niemals all das können, was ich heute kann, wenn man mir als Kind nichts zugetraut hätte. Mir hat nie jemand gesagt, ich könne irgendetwas nicht schaffen, weil ich eine Frau bin. In meinen ersten Jahren in der Landwirtschaft baten mich die Nachbarn ohne Umschweife, bei Zementarbeiten oder was auch immer mit anzupacken. Und bei gemeinschaftlichen Projekten helfe ich mit Maschinen und Werkzeug aus.

Wenn es gut läuft, macht mir jede Arbeit Spaß. Besonders Bautätigkeiten. Ich finde es toll, wenn etwas Großes ansteht. Ein aufwendiger Umbau, ein neues Projekt … dann bin ich ganz in meinem Element. Nur beim Kochen bin ich ein totaler Loser. Dafür kann ich backen, das mache ich dann auch im großen Stil, wenn ich einmal anfange.

Als ich klein war, hat man mir immer gesagt, ich könnte ein eigenes Heim gründen, sobald ich einen Mann hätte. Das habe ich nie verstanden und fragte mich immer: Warum braucht man einen Mann, um ein eigenes Heim zu gründen? Offensichtlich habe ich das immer noch nicht kapiert, nach so vielen Jahren.

Das Wort Bauersfrau mag ich gar nicht und benutze es nie. Es suggeriert, dass die Frau keine Bäuerin ist, sondern die Ehefrau des Bauern. Nur damit das klar ist, ich bin Bäuerin, genau wie andere Frauen in der Landwirtschaft.

Meine Jugendfreundin Ella von Úthlíð, einem Hof hier in Skaftártunga nicht weit von Ljótarstaðir, und ich sind beide unverheiratet und kinderlos und führen einen eigenen Betrieb. Wir haben ungefähr zur selben Zeit den Hof übernommen, mit dreiundzwanzig Jahren. Bei mir war die Kinderlosigkeit eine bewusste Entscheidung. Ob das bei ihr genauso ist oder ob sie auf eine traditionelle Familie hinsteuert, weiß ich nicht. Soweit ich mich erinnere, war das für Ella und mich nie ein Thema. Wir hatten immer genug andere Dinge zu bequatschen.

Das hässliche Entlein

Als Kind war ich ziemlich wehleidig und kränklich und außerdem spindeldürr. Mit meinem Handgelenk stimmte auch irgendetwas nicht … eine Entzündung am Kahnbein, das kommt bei Kindern manchmal vor. Ich bekam Spritzen und musste eine Schiene tragen. Und ich durfte die Hand nicht plötzlich drehen, dann war alles wieder hinüber. Damit schlug ich mich jahrelang herum.

Selbst wenn mein Arm wehtat, musste ich mitarbeiten, und ich schaffte das auch. Trotzdem kam ich mir vor wie ein Versager. Ich war schlapp und schlecht in Sport. Ein Schwächling. Körperlich spät entwickelt. Und das hässlichste Geschöpf auf der Erde. Eine Brillenschlange.

Ich war in Kirkjubæjarklaustur im Internat. Damals wurden die Kinder noch nicht mit dem Schulbus hin- und hergekarrt wie heute, sondern schliefen wochentags in der Schule. Diese Schulwinter waren schwer für mich. Dazu kam noch, dass immer schlecht über die Lehrer geredet und regelrecht von einem erwartet wurde, dass man sowohl die Lehrer als auch die ganze Schule furchtbar fände. Es war einfach üblich, nicht zu der Schule zu stehen.

Natürlich machte es manchmal auch Spaß, aber ich hatte schreckliches Heimweh und fühlte mich oft mies. Man musste ja ganz allein zurechtkommen, als Achtjährige, duschen gehen und sich die Haare waschen. Ich hatte lange Haare, das war ein einziges Fiasko.

Während dieser Internatsjahre war ich nah am Wasser gebaut,

und da war ich nicht die Einzige. Es gab immer Geheul und Gejammer, ein Chor weinender Mädchen, wenn wir abends ins Bett sollten.

In Kirkjubæjarklaustur lernten wir auch schwimmen, was natürlich grundsätzlich nicht verkehrt ist. Aber ich war wasserscheu und schwamm nicht gern, das mag ich noch heute nicht besonders.

Ich hatte neben Ella noch weitere gute Freundinnen in der Schule, zum Beispiel Þórdís von Hraungerði aus Álftaver, genannt Dísa, die heute Mathematikprofessorin in Norwegen ist. Dísa und ich durften eine Klasse überspringen, sodass wir ein Jahr kürzer in der Schule waren, aber es waren trotzdem noch zu viele Winter im Internat.

Die Kinder von Dísas Hof wurden in die Schule gebracht und wieder abgeholt, und ich durfte zwei Jahre mitfahren und schlief während dieser Zeit auf dem Hof Ásar bei meiner Schwester Ásta und ihrem Mann Dóri. Dadurch wurde alles viel leichter. In Kirkjubæjarklaustur las ich mich durch die gesamte Bücherei. Heute habe ich nicht mehr viel Zeit zum Lesen, aber ich mag Bücher und lese schnell. Halldór Laxness ist mein Lieblingsautor, seine Haltung, sein Schreibstil, nicht unbedingt die Herangehensweise. Aber er sagt in einem Satz das, wofür andere eine halbe Seite brauchen.

Ich verschlang sämtliche Bücher und wollte das alles selbst erleben und verkörpern. Die Schäferin mit der Flöte, die den ganzen Sommer die Schafe hütet und alle Vögel und Wasserfälle kennt. Das schönste Mädchen beim Ball in den Heringsjahren, als riesige Heringsschwärme vor der isländischen Küste auftauchten und Scharen von jungen Leuten zum Arbeiten in die Fischerdörfer strömten. Der halb erfrorene Matrose, der bei tosendem Unwetter im Rigg hängt und unvergessene Abschiedsworte spricht, bevor er von den Wellen mitgerissen und nie mehr gesehen wird. Tom Swift, der alles erfinden und bauen kann, was seine Freunde und er für ihre Abenteuer brauchen. Der Junge, dem das Pferd Gustur gehört. Das Mädchen in *Weißbrot mit Marmelade*. Die englische Rennreiterin, die so schwer verunglückt, als sie ihren geliebten Vater rettet, dass sie nicht mehr reiten kann, ihre Erfüllung aber im Versorgen und Trainieren der Pferde findet, mit denen ihr Mann dann Rennen bestreitet.

Besonders gern las ich Bücher, die in anderen Welten spielen, wie die *Narnia*-Chroniken, oder lustige Bücher wie die Serie über Elías von Auður Haralds.

Es konnte ziemlich kompliziert sein, mich am Wochenende vom Internat nach Hause und wieder zurück zu verfrachten. Damals war die Schneeräumung noch nicht so gut wie heute, und die Straße zu unserem Hof war einen Großteil des Winters unbefahrbar. Nach Snæbýli kam man leichter, weil dort bei jedem Wetter die Milch abgeholt werden musste und unsere Nachbarn sich auf dem Traktor durch den Schnee kämpften.

Manchmal brachte mich der Schulbusfahrer oder Ellas Vater Valur oder mein Schwager Dóri mit dem Motorschlitten nach Hause. Es kam auch vor, dass ich das letzte Stück durch den Schnee stiefeln musste, von der Brücke, wo sich die Straße Richtung Süden nach Snæbýli und Richtung Norden nach Ljótarstaðir teilt. Diese beiden abgelegenen Höfe sind die einzigen im ganzen Tal, am Fuße des Hochlands. Ljótarstaðir ist der höchstgelegene Hof hinter dem Fluss, wie man sagt ... also der höchstgelegene Hof westlich des Tungufljót. Dort endet die Straße.

Als Kind war ich so isoliert, dass ich mir eine imaginäre Freundin zulegte und bis zur Teenagerzeit behielt. Sie hieß María und war eine sehr raumeinnehmende Person. Manchmal schrie ich los, wenn jemand auf sie trat. Das nervte meine Schwester Fanney, aber María hinterließ einen so tiefen Eindruck bei ihr, dass sie später ihre Tochter nach ihr benannte!

Bei uns zu Hause war man darauf bedacht, nicht unnötig oft den Hof zu verlassen ... sein Geld zusammenzuhalten. Deshalb gab es bei uns keinen Motorschlitten und auch kein geeignetes Auto, das die Mobilität bei hohem Schnee verbessert hätte.

Ich hätte gern Akkordeon spielen gelernt, aber darauf ging keiner ein. Ich bekam auch nicht die Dinge, die ich mir sehnlich wünschte ... wie etwa einen Tretschlitten. Als Fanney anfing zu arbeiten, brachte sie mir alle möglichen tollen Sachen mit, ein ferngesteuertes Auto und eine Puppe aus dem Quelle-Katalog. Deshalb wollte ich immer, dass Fanneys Tochter María alles bekam, was ich nicht hatte ... und schenkte ihr zum Beispiel einen Tretschlitten. Außerdem durfte sie nach Herzenslust mit meinem Quad rumdüsen, sobald sie draufklettern konnte. Erst unter strengen Auflagen, nur rund um den Hof. Sie und mein Neffe Sæmundur spielten endlos mit dem Quad, und ich spendierte Unmengen von Benzin. Mit dem Motorschlitten hatten wir am Anfang auch einen Riesenspaß, wir fuhren und fuhren und kamen kaum mehr ins Haus.

Ich war sechzehn, als meine Freundin Linda ihren letzten Sommer bei uns auf dem Land verbrachte. Sie war zehn Jahre lang jeden Sommer bei uns gewesen, länger als alle anderen. Jetzt war sie in die Jugend-Skinationalmannschaft aufgenommen worden und musste fleißig trainieren. Also trainierten wir gemeinsam, Laufen und Kraftübungen. Linda war ein Muskelpaket, wahnsinnig stark, ich dagegen ein richtiger Spargeltarzan. Das änderte sich in diesem Sommer, und ich wurde kräftiger.

Mit sechzehn bekam ich Kontaktlinsen anstelle der Brille. Das half ein bisschen, mein Selbstbewusstsein aufzupolieren, das, wie gesagt, ziemlich gering war. Es besserte sich nach und nach, und inzwischen habe ich gelernt, auf mich selbst zu vertrauen, wie das wohl in Selbsthilfebüchern heißt. Aber ich war anderen gegenüber lange unsicher, auch wenn man mir das nicht unbedingt anmerkte. Früher war ich so schüchtern, dass mir jeder Small Talk unangenehm war. Durch die Trächtigkeitskontrollen hatte ich dann sehr viel Kontakt mit Leuten, arbeitete, trank Kaffee, aß und übernachtete auf Höfen im ganzen Land, was eine gute Übung für mich war.

Ich war zwei Jahre auf der weiterführenden Schule in Skógar. Damals war ich noch so schlaksig, dass ich nie passende Klamotten fand … ich kam mir vor wie eine Vogelscheuche. Zu allem Überfluss befand ich mich auch noch in dem Stadium, in dem ich mir an allem, was schiefging, die Schuld gab.

Ich war so feige, dass ich es nicht fertigbrachte, von der kleinen Schule in Skógar auf die große Gesamtschule in Selfoss zu wechseln. Stattdessen arbeitete ich bei Jónas auf dem Hof Norður-Hvammur in Mýrdalur mit den Jungpferden und in Kirkjubæjarklaustur im Schlachthof.

Der Hof Norður-Hvammur ist nicht abgelegen, da war immer was los, Schwedinnen als Aushilfskräfte, manchmal schneiten ausländische Touristen herein, eine ganz andere Atmosphäre als zu Hause in Ljótarstaðir, wo sich den halben Winter kein Mensch blicken ließ … alles tief verschneit.

In der ersten Zeit auf Norður-Hvammur muss ich sehr zugeknöpft gewesen sein, man bekam wohl kaum ein Wort aus mir heraus. Und wegen meiner Größe ging ich gebeugt. Zum Glück schmierte man mir das andauernd aufs Brot, ich wurde ständig ermahnt.

Drífa, die Tochter der Familie, und ich wurden schnell Freundinnen und sind es noch heute. Sie ist superwitzig und hätte das Zeug zum Stand-up-Comedian. Sie meinte, ich würde einen Buckel kriegen und meine Brüste würden sich nach innen stülpen, wenn ich weiter so vornübergebeugt gehen würde. Ich erwiderte, das wäre doch okay, dann hätte ich vier Augenhöhlen. Wir stachelten uns gegenseitig an, lachten und alberten ausgelassen in dem winzigen alten Holzhaus.

Normalerweise war dummes Gegacker nicht unbedingt meine Art, jedenfalls erzählte man mir in Norður-Hvammur, ich hätte mich extrem unauffällig verhalten … die Leute hätten sich immer zu Tode erschreckt, wenn ich urplötzlich im ersten Stock aufgetaucht sei. Ich sei mucksmäuschenstill die Treppe in dem alten Holzhaus hinaufgeschlichen, die sonst immer laut knarrte.

Drífas Mutter Droplaug war eine tolle Frau, nicht die übliche Landpomeranze, sondern ein alter Hippie … sie hatte mal in Kopenhagen gelebt und alberte gern mit Drífa und mir herum. Sie schminkte uns zum Spaß so, wie es in ihrer Jugend angesagt war, Sixties-Make-up mit Lidstrich und weißen Lippen. Dann toupierte sie uns die Haare, und wir probierten die passenden Klamotten dazu an. Droplaug fand meine Veränderung so verblüffend, dass sie Tante Kolla anrief, Kolbrún Aðalsteinsdóttir, der die Elite-Modelschule gehörte. Ich ließ mich darauf ein … und wurde sofort zum Fotoshooting eingeladen.

Italienische Fotografen kamen und machten ein Shooting auf einem Gletscher. Ich hatte eine Scheißangst vor diesen fremden Leuten. Das andere Model war eine Isländerin mit wunderschönen roten, krausen Haaren und strahlend grünen Augen. Ich war eher der unschuldige Typ mit blauen Augen und blasser Haut. Die Fotografen überschlugen sich fast vor Begeisterung über den Engel und die Hexe.

Im darauffolgenden Winter nach dem Jahreswechsel besuchte ich einen Kurs in Kollas Modelschule und ein Seminar zur Stärkung des Selbstbewusstseins. Nebenbei arbeitete ich in Keflavík in der Fischfabrik und übernahm auch für ein paar Tage eine Vertretung bei der Müllabfuhr von Suðurnes.

Im April fuhr ich dann zu einem Modelwettbewerb nach New York und landete in der Kategorie Fotoshooting auf dem zweiten Platz. Ich hätte durchaus in New York und Mailand durchstarten können, weil Kolla entsprechende Kontakte hatte. Vielleicht hätte es funktioniert, vielleicht auch nicht. Ein paar große Agenturen kontaktierten mich, aber ich war gerade auf dem Weg nach Hause zur Lammzeit und antwortete deshalb nicht. Danach nahm ich nur noch Modeljobs in Island an, verfolgte die Sache aber nicht konsequent. Ich merkte, dass es mich nicht reizte, Model zu sein.

Trotzdem machte es Spaß, und ich möchte diese Zeit nicht missen, aber ich hatte von Anfang an eine Aversion dagegen, dass Models zum Objekt gemacht werden. Das war mir alles ein wenig zu oberflächlich und sinnfrei. Die Vorstellung, Geld mit Schönsein zu verdienen, fand ich absurd. Außerdem hatte ich keine Lust, nur Grünzeug zu essen und mir auf einem Gletscher den Arsch abzufrieren.

Ich finde es gar nicht so toll, zu hören, dass ich hübsch sei. Es nervt mich sogar ziemlich. Dann denke ich immer: Oh nein, jetzt fängt das wieder an! Ich kann nichts für mein Aussehen, das ist genetisch bedingt. Aber mach mir mal ein Kompliment für etwas, das ich gebaut habe – dann schmelze ich dahin wie Schokolade in der Sonne!

Als Kind hat man mir nie gesagt, ich sei süß. Ich bekam keine Komplimente für mein Äußeres, und meinen Schwestern und mir wurde beigebracht, nicht eitel zu sein. Heutzutage bekommen Mädchen ständig zu hören, wie süß sie sind … geht das nicht allmählich zu weit? Dieses ewige Gesülze auf Facebook zum Beispiel. Bei jedem Mädchen im Kleid geht es los … süßsüßsüß.

Als ich klein war, gab es solche Tüddelei jedenfalls nicht. Die Haare bekamen wir zu Hause geschnitten, von unserer Nachbarin. Ich trug immer die Klamotten meiner Schwestern auf. Aber ich wollte lange Haare haben, und das durfte ich auch. Mit Kosmetik kann ich überhaupt nichts anfangen, obwohl ich mal Model war. Dieser Kram ist für mich wie Chinesisch. Kosmetikartikel vergammeln bei mir immer, ich tusche mir höchstens mal die Wimpern. Wenn mich einer fragt: »Welche Kosmetika hast du immer in deiner Handtasche?«, würde ich antworten: »Lippenbalsam.«

Dafür habe ich in der Modelbranche gelernt, auf High Heels zu laufen … anscheinend ganz passabel, denn letztens trug ich hochhackige Schuhe – das erste Mal seit ich neunzehn war oder so – und dachte, ich würde mich sofort auf die Fresse legen … aber siehe da, ich stöckelte auf diesen Stelzen durch die Gegend, als hätte ich nie etwas anderes getan.

Dennoch wunderte es mich sehr, dass ausgerechnet ich etwas in der Modelbranche zu suchen haben sollte. Schon damals war es mein Markenzeichen, dass ich für jeden Spaß zu haben war und kein Blatt vor den Mund nahm. Diese Erfahrung war sehr spannend und für mich zweifellos ein Schritt nach vorne. Kolla ist davon überzeugt, dass ich ein gefragtes Model hätte werden können, wobei für sie damals im Vordergrund stand, mein Selbstwertgefühl zu stärken und meine Schüchternheit zu bekämpfen.

Ich selbst glaubte nie daran, meinen Lebensunterhalt vor der Kamera verdienen zu können. Dafür braucht man eine ganz andere Art von Selbstvertrauen. Man marschiert in ein Agenturbüro, zusammen mit einem Haufen Topmädchen mit Topmappen, und ist der festen Überzeugung, immer genau das umsetzen zu können, worum man gebeten wird. Wenn es um einen Wettkampf gegangen wäre, bei dem man einen Hang hochsprinten und ein Schaf einfangen muss, hätte ich keine Minute gezögert. Oder ein Brett festnageln. Aber es war einfach nicht mein Ding, in eine Modelagentur zu stolzieren ... hier bin ich, und ich bin die Hübscheste!

Ich mochte und mag noch immer keine Kameras. Wenn man mich aufforderte: »Tanz! Sei ganz natürlich!«, dann verlor ich den Mut. Aber wenn man mir genau erklärte, was ich machen sollte, dann war es kein Problem.

Ich habe es nie bereut, nicht weitergemacht zu haben, und würde nicht tauschen wollen. Die Berufserfahrung, die ich mittlerweile besitze, ist mir viel wichtiger als ein paar Jahre Modelkarriere. Ich denke auch nicht oft an diese Zeit zurück ... andere interessieren sich viel mehr für diesen Teil meiner Vergangenheit als ich. Und hier bei uns auf dem Land habe ich mich immer ein wenig für diese Hampelei geschämt ... modeln, anstatt Scheiße zu schippen und was Sinnvolles zu machen.

Jedenfalls waren die Modelerfahrung und die Zeit davor, mein Aufenthalt in Norður-Hvammur, eine absolute Umbruchphase für mich ... das wirkte auch nach außen so, habe ich gehört. Damals kam ein ganz neuer Mensch zum Vorschein. Dieser Zeit habe ich es zu verdanken, dass ich mich im Herbst danach doch auf die Gesamtschule in Selfoss traute, mein Abitur machte und anschließend auf die Landwirtschaftsschule in Hvanneyri ging.

Die zwei Jahre in Hvanneyri waren eine wunderschöne Zeit. Das Studium war spannend, und es gab natürlich viele Leute, die meine Interessen teilten. Das ist unglaublich wichtig. Außerdem hatten wir jede Menge Spaß und feierten kräftig. Wobei ich am Wochenende meistens nach Hause fuhr, um bei allen möglichen Arbeiten zu helfen. Ausmisten ... Schafe eintreiben ...

In der Modelbranche merkte ich, dass es geradezu als erstrebenswert galt, eine Bohnenstange zu sein. Ich war so schnell gewachsen, dass ich immer krampfhaft versucht hatte, mich kleiner zu machen. Es war schwierig, Klamotten für mich zu finden, ich war lang und dürr, die Ärmel und Hosenbeine waren immer zu kurz. Was mein Selbstbewusstsein nicht gerade gesteigert hatte. Aber jetzt konnte ich mich sogar darüber aufregen, dass für Leute wie mich keine Kleidung hergestellt wurde. Lange trug ich die schönen Islandpullover, die Mama für mich strickte, und das tut sie noch heute. Ich wartete einfach, bis sie in Mode kamen, und das passierte am Ende sogar.

Am meisten ärgerte es mich, wenn Leute zu mir sagten: »Wow, bist du groß!«

Wirklich unfassbar, wie manche Leute mit einem reden. Was für Bemerkungen man sich anhören muss: »Mann, bist du dünn! Kriegst du nichts zu essen?«

Noch heute stehen Leute vor mir und sagen: »Meine Güte, bist du groß!«

Heutzutage ist mir das scheißegal.

Vor ein paar Jahren war ich bei einer Konfirmation in Akureyri, und wir gingen tanzen, in der Vélsmiðja, da waren alle möglichen Leute. Ein Mann um die fünfzig kam zu mir und glotzte mich an, wie ich in meinem kurzen, engen Kleid und meinen Stiefeln vor ihm stand. Er musterte mich von oben bis unten und meinte:

»Du bist echt groß! Wow, bist du groß! Ich meine das nicht negativ. Aber du bist echt total groß!«

So ging es immer weiter, bis ich zu ihm sagte: »Warte erst mal ab, bis ich mich aufgerichtet habe!«

Hofübernahme

Selbstverständlich war ich tief im Inneren immer Bäuerin, ich wollte immer einen Hof führen. Ich übernahm den Betrieb in Ljótarstaðir 2001 nach der Bauernschule in Hvanneyri, die heute Landwirtschaftliche Hochschule heißt. Damals war ich dreiundzwanzig Jahre alt. Der Anfang war insofern leicht, als dass meine Eltern ihre gesamten Besitztümer immer getrennt voneinander führten ... von gerahmten Fotos bis hin zu Maschinen und Gebäuden. Ich kaufte nur die Schafe und Papas Produktionsquote. Ich hatte bereits einige Schafe und besaß nun ungefähr die Hälfte des Viehs.

Ich kaufte Papa auch kleinere Geräte und Werkzeug ab, und wir schlossen eine Art Nutzungsvertrag für den Traktor, die damals wichtigste Maschine, ein ziemlich neuer Case. Man kann also sagen, dass ich eine Eigentümergemeinschaft mit meiner Mutter bildete, der weiterhin die Gebäude und das Land gehörten. Aber ich durfte verändern, was ich wollte, konnte sämtliche Entscheidungen allein treffen und war für den Betrieb und das Land verantwortlich.

Zu dieser Zeit war ich viel unterwegs, und meine Eltern verrichteten die täglichen Arbeiten wie das Füttern und ähnliche Dinge. Ich malochte Tag und Nacht ... in den ersten Jahren unterrichtete ich in Kirkjubæjarklaustur und baute zu Hause den Schafstall um, was Arbeit bis spät in die Nacht bedeutete. In diesem ersten Herbst gab es in Kirkjubæjarklaustur noch einen Schlachthof, und dort arbeitete ich parallel zum Unterrichten und allem anderen. Im Schlachthof wurde ich manchmal zum Ausweiden eingeteilt, was eine elende Schufterei ist, aber meistens arbeitete ich im Kühlhaus, wo man um fünf Uhr morgens anfangen musste. Prima Arbeit ... allerdings bei minus fünfunddreißig Grad. Es war nicht üblich, dass Frauen im Kühlhaus arbeiteten, deshalb musste ich darum bitten, dort eingesetzt zu werden. Doch wie immer war das kein Problem.

Als ich begann, den Hof zu renovieren, befand sich vieles in schlechtem Zustand, die gesamte Ausstattung war in jeglicher Hinsicht veraltet. Jedenfalls sah der Betrieb nicht so aus, wie ich ihn haben wollte. Da war ich empfindlich, ich wollte unbedingt alles verbessern, und das ist seit fünfzehn Jahren tatsächlich mein großes Projekt. Es belastete mich auch, dass schlecht über Ljótarstaðir geredet wurde.

Ich renovierte alles auf eigene Faust, mit viel Unterstützung. Mein Freund Siggeir ist Schreiner, der hat mir viel geholfen und beigebracht. Ich hatte zuvor zum Beispiel noch nie eine Kreissäge benutzt.

Den Schafstall habe ich im Sommer 2002 saniert und aus der Scheune ebenfalls einen Schafstall gemacht. Dieser große Umbau verbesserte die Viehversorgung erheblich, erleichterte unsere Arbeit und war eine einschneidende Rationalisierungsmaßnahme. Papa war zunächst gegen die Veränderungen, aber insgeheim lobte er sie ... gegenüber anderen jedenfalls, habe ich gehört.

Papa und ich waren uns über das meiste, was den Betrieb anging, uneinig. Seit ich erwachsen war und mich traute, meine Meinung zu sagen, stritten wir uns viel. Ich bin ein friedliebender Mensch und streite mich ungern, deshalb nahm mich das wirklich mit. Zumal Papa dafür bekannt war, die Leute mit seinen deftigen Kraftausdrücken zum Schweigen zu bringen. Unsere Art, miteinander zu sprechen, war wirklich nicht gerade schön, falls ich überhaupt zu Wort kam ... wenn ich wütend bin, neige ich dazu, in Schockstarre zu verfallen. Anderenfalls versuchte ich immer, lauter zu sein als er, was schwierig war, denn der Mann hatte ein sehr kräftiges Organ.

An einem gewissen Punkt vor der Betriebsübernahme kam es zum Eklat, und ich packte meine Sachen ... endgültig. Jónas und Droplaug in Norður-Hvammur erinnerten sich kürzlich daran, dass ich damals auf hundertachtzig war, als ich ihnen von dem Streit erzählte. Ich muss es wohl treffend auf den Punkt gebracht haben mit dem Satz: »Und dann habe ich diesem Arschloch ein für alle Mal die Meinung gegeigt.«

Ich war damals ein halbes Jahr von zu Hause weg, fand dann aber, dass Papa zu gut bei der Sache weggekommen war. Ich hatte mir doch vorgenommen, in Ljótarstaðir zu leben! Deshalb ging ich zurück nach Hause. Freundlich wurde ich nicht gerade aufgenommen ... aber das legte sich wieder.

Ich sehe meinem Vater sehr ähnlich, man stelle sich also vor: Zwei identisch aussehende Menschen stehen sich gegenüber und streiten sich wie die Kesselflicker. Beide groß und schlank. Dieselbe Nase. Dieselben blauen Augen. Eine ähnliche Mimik und Gestik, ähnliche Sprüche und Entgegnungen.

Zu dem Thema habe ich bei einem Poesietreffen mal einen Vers gedichtet. Zu der Zeit wurde viel darüber geredet, dass der dänische König mehrere uneheliche Kinder in Island hätte. Natürlich wollten alle Mädchen Prinzessinnen sein, und auch ich machte mir Hoffnungen ... immerhin war meine Mutter sehr hübsch, da konnte man nie wissen. Doch sobald ich in den Spiegel schaute, schwanden meine Hoffnungen:

> Manch eine Prinzessin in Island weilt
> wegen des Königs reger Tätigkeit
> doch ähnle ich Papa sehr, wie jeder peilt
> da blieb dem König für Mama wohl keine Zeit.

Mein Vater war dagegen, dass ich den Hof übernehme. Er versuchte sogar, meine Schwester Fanney dazu zu bringen, es mir auszureden. Natürlich hatte er gute Absichten … er wünschte sich etwas Besseres für mich, war besorgt wegen der Schufterei und der Isolation. Dass ich genauso verschlossen und einsam würde wie er … dass ich den Druck nicht aushalten würde. Aber die Zeiten hatten sich geändert, und die Welt war eine andere.

Viel später kam ich dahinter, dass Papa nicht der Einzige war, der mir im Weg stand – ein anderer Verwandter hatte auch vehement zu verhindern versucht, dass das Land in meinen Besitz überging. Meine Familie ist so verschwiegen, dass mir das erst viel später erzählt wurde. Ich war stinksauer. Aber mir blieb nichts anderes übrig, als mich wieder einzukriegen … die Sache war vorbei, und es brachte nichts, sich den Kopf darüber zu zerbrechen.

Wobei ich dazu sagen muss, dass ich entschieden dagegen bin, junge Leute zu drängen, in die Landwirtschaft zu gehen und aus Pflichtgefühl den Hof zu übernehmen. Das Leben ist viel zu kurz, um etwas zu tun, womit man nicht glücklich wird. Für mich war die Übernahme keine Verpflichtung, und niemand hat mich gedrängt. Ganz im Gegenteil, ich musste mehr Hürden überwinden, als mir vorher klar gewesen war … und die wurden immer größer, als das Energieunternehmen Suðurorka begann, Ansprüche auf mein Land zu erheben.

Mama und meine Schwestern haben meinen Wunsch, den Hof zu führen, allerdings immer unterstützt. Ich kaufte Mama das Land zu einem günstigen Preis ab, und es darf nicht unerwähnt bleiben, dass meine Schwestern etwas von ihrem Anteil abtraten. Das taten sie gern, weil sie wollten, dass das Land weiter bewirtschaftet wird, sie aber selbst keine Ambitionen hatten, sich um den Hof zu kümmern, und immer hinter mir standen.

Das Land ist natürlich karg und schwer zu bewirtschaften, sodass ein potenzieller Käufer vermutlich etwas anderes damit gemacht hätte, als dort zu wohnen.

Ljótarstaðir ist mehr als nur ein Betrieb und ein Zuhause, es ist auch ein Ort, mit dem sich viele Menschen verbunden fühlen. Meine Schwestern betrachteten das Land nie als Geldmaschine ... sie sehen die Dinge also ähnlich wie ich. Meine Schwestern und meine Mutter sind engagierte Naturschützer und haben den Kampf gegen die Kraftwerkpläne in der Region und auf unserem Land von Anfang an unterstützt. Ich möchte kein Geld, ich möchte kein Land verkaufen, um ein leichteres Leben führen zu können.

Papa bekam 2004 Krebs und musste sich einer Chemotherapie unterziehen. Er war sehr robust, sodass ihn die Therapiezyklen zunächst nicht sonderlich beeinträchtigten und er wie gewohnt weiter arbeiten konnte. Er hatte Probleme mit den Hüften und dem Rücken, wie so viele Bauern seines Alters, nachdem er jahrelang alles selbst geschleppt hatte, Heu und so weiter. Ansonsten war er topfit. Bis zum Herbst 2006, als ihn die Krankheit plötzlich erwischte.

Im Frühling desselben Jahres hatte ich das Land samt Schafen, Quote und allem Drum und Dran erworben, hatte an meinem Geburtstag im April den Kaufvertrag unterschrieben. Die Betriebslage besserte sich sofort, nachdem alles in einer Hand und nicht mehr zwischen Mama und mir aufgeteilt war.

Eines meiner großen Vorhaben war die Renovierung des Wohnhauses. Ich fing 2007 damit an und war fünf Jahre später fertig ... als Letztes kam die Waschküche dran. Das machte einen Riesenunterschied. Ich freue mich immer noch, wenn ich duschen gehe, wie viel besser und hygienischer alles geworden ist.

Ich arbeite gern auf dem Bau. Das ist beruhigend. Aber die umfangreichen Sanierungen und Erneuerungen auf meinem Hof sind nicht das Werk einer Person. Das wäre unmöglich gewesen. Neben meinen rettenden Engeln, Siggeir und Fanney, war meine Cousine Birna mit ihrem Sohn oft hier und hat mir viel geholfen.

Eines der Dinge, die ich nach der Hofübernahme aus reinem Spaß gebaut habe, ist die Terrasse rund ums Haus. Aber es wird wohl noch etwas dauern, bis ich Zeit habe, mich darauf zu sonnen.

Heiða beim Poesietreffen

Ich weiß nicht, ob ihr euch an die Diskussion zwischen meiner Schwester Ásta und mir vor zwei Jahren erinnert, da hatte Tante Jóna mich eindringlich davor gewarnt, auf der neuen Terrasse an meinem Haus Liebesspielen zu frönen, weil Google Earth angeblich immer versuchen würde, solche Dinge abzulichten. Ehrlich gesagt dachte ich, Jóna wäre ein bisschen durcheinander und sähe in jeder Ecke Perverse, bis letzten Sommer, da bekam ich eine SMS von Ásta, als ich gerade gut gelaunt die Hauswiese mähte. Darin stand nur: »Google-Auto unterwegs in Skaftártunga, ich schwöre.« Ich behielt also den Hofplatz im Blick, und tatsächlich, das Google-Auto fuhr vor, und der Fahrer verhielt sich mehr als seltsam, deshalb schickte ich Ásta und Jóna den folgenden Vers:

> Das Google-Auto ich wütend erblick
> und diesen Kerl, der grinst gemein.
> Pornobilder will er machen, klick,
> und schleicht sich zur Terrasse, das Schwein.

Polizistin Heiða

Ein paar Jahre lang war ich hier bei uns im Süden bei der Polizei. Ich bewarb mich 2004 auf eine Stelle als Bezirkspolizistin, war im Schichtdienst, übernahm Radarkontrollen und Einsätze bei Veranstaltungen. Die Polizeischule, eine zweijährige Ausbildung, reizte mich sehr ... da wird ein anspruchsvolles Fitnesstraining verlangt, woran ich Spaß habe, und viel Disziplin. Außerdem muss man verschiedene Grifftechniken und Selbstverteidigung lernen. Ich wurde angenommen und wollte gerade mit der Schule beginnen – mein Vater hätte sich den Winter über um die Schafe gekümmert –, da bekam er die Krebsdiagnose, und ich sagte wieder ab.

Es war diese übliche Geschichte, ich trug die Last der Welt auf meinen Schultern, deshalb wollte ich Polizistin werden. Außerdem brauchte ich einen Job, der besser mit der Landwirtschaft und den Trächtigkeitskontrollen vereinbar war. An der Schule in Kirkjubæjarklaustur war ich zu sehr gebunden, das zerriss mich innerlich. Ich hatte ein schlechtes Gewissen, wenn ich zu Hause war, weil die Unterrichtsvorbereitung litt, und ein schlechtes Gewissen beim Unterrichten, weil ich zu Hause nichts erledigt bekam.

Mit ausgebildeten Polizisten zusammenzuarbeiten war eine tolle Erfahrung. Sie sind unerschütterlich in schwierigen Situationen und können gut mit Menschen umgehen ... Leute beruhigen, die gerade ausrasten.

Ich hingegen hatte noch nie im Leben solche Angst wie bei einem Noteinsatz bei einer Schlägerei auf einem Motorradtreffen in Kirkjubæjarklaustur. Da waren wahnsinnig viele Besucher, und wir hatten Verstärkung aus Reykjavík bekommen, auch von einem Sondereinsatzkommando. Als wir auf den Vorplatz fuhren, ging die Flügeltür der Halle auf, und eine tobende Menschenmenge drängelte heraus, ein einziges wüstes Durcheinander. Ich dachte nur: Was zum Teufel mache ich hier? Die bringen mich um!

Ich konnte keine Verteidigungsgriffe und hatte noch keinen Lehrgang absolviert. Nie habe ich mir so sehr gewünscht, auf dem Absatz kehrtzumachen und loszurennen, wie in diesem Moment, als diese Welle auf mich zurollte. Ich dachte, ich kriege einen Herzinfarkt.

Stattdessen stürmte ich mit den anderen Polizisten in die Menge und versuchte, die Leute zu beschwichtigen. Erstaunlicherweise klappte das ganz gut, und alles ging glatt, auch wenn es wirklich übel ausgesehen hatte ... niemand kam zu Schaden.

Als am Ende fast alle Leute gegangen waren, schnappte sich ein noch immer vor Wut schäumender Typ eine Schaufel, kam auf uns zu und wollte auf uns einprügeln. Da warf ihm ein eher kleiner Polizist, ein sehr taffer Kollege, mit erhobenem Schlagstock einen so bösen Blick zu, dass der Schaufelmensch in sich zusammensackte und sich verzog. Dieser Blick ging einem durch Mark und Bein!

Der Einsatz endete jedenfalls damit, dass der Mann, der am aggressivsten gewesen war, in einem Blumenbeet eine Ringelblume pflückte und mir schenkte ...

Die Arbeit bei der Polizei war eine wichtige und positive Erfahrung, auch wenn ich im Vergleich zu meinen Kollegen im Grunde nichts konnte. Sehr lehrreich. Ich hätte mir gut vorstellen können, Polizistin zu werden und Streife zu fahren. Aber mir gehen viele Dinge sehr nahe, und ich bezweifle, dass ich mit Fällen wie häuslicher Gewalt klargekommen wäre.

Fífill

Letzten Herbst habe ich mir in Stokkseyri einen Schäferhundwelpen geholt. Ich fuhr zu der Züchterin und suchte mir den Kleinen aus, als er zwei Wochen alt war. Mit acht Wochen nahm ich ihn dann zu mir. Jünger sollten sie nicht sein. Ich war so gespannt, dass ich ihn in der Zwischenzeit zweimal besucht habe, wenn ich in Selfoss zu tun hatte.

Als ich Kleó, die alte Schäferhündin von Adda, kennenlernte, wollte ich unbedingt auch so einen Hund haben. Adda hatte gehört, dass bei den Gunnarsholt-Züchtern Welpen unterwegs waren, und sich schon entschieden, einen zu nehmen. Sie wusste, wie gern ich einen Schäferhund gehabt hätte, und ermunterte mich, einen Welpen aus demselben Wurf zu kaufen. Sie versprach, mir zu helfen, weil das für mich Neuland war. In dem Wurf gab es nur eine Hündin, und die bekam Adda. Sie heißt Rökkva, Fífills Schwester also.

Seitdem habe ich mich oft gefragt, ob ich mich mit dem Hund nicht übernommen habe, ob ich genug Zeit finde, ihn auszubilden. Außerdem wird der Kerl mal vierzig Kilo wiegen, der frisst ganze Schafböcke. Aber auf dem Land gibt es zum Glück genug Fleischreste, die man für die Hunde kochen kann.

Hunde dieser Rasse großzuziehen ist eine verantwortungsvolle Aufgabe, weil sie so speziell sind. Wenn man nicht aufpasst, kann viel schiefgehen. Schäferhunde sind sanftmütig, aber auch gute Wachhunde. Sie sind sensibel und empfindlich, und man kann viel kaputt machen. Wenn man zu autoritär ist, können sie schwierig werden. Man muss sanft mit ihnen umgehen und ihnen viel Aufmerksamkeit schenken. Die Hunde dürfen nicht zu hart werden, und man darf sie auf keinen Fall aggressiv machen, aber sie müssen gleichzeitig zu einhundert Prozent gehorchen. Schäferhunde sind eine echte Herausforderung. In unserem Fall kam noch hinzu, dass Fífill anfing zu schnarchen wie ein Seemann, als er größer wurde.

Aber es ist unglaublich toll, ihn zu haben … meinen Gespensterschreck. Inzwischen schläft er in einem Hundekäfig neben meinem Bett. Viele Hunde sind nachts lieber im Käfig. Fífill freut sich wie verrückt, wenn ich mich morgens rühre, ist aber so rücksichtsvoll, sich still zu verhalten und weiter zu schlummern, wenn ich noch nicht aufstehe.

Fífill war sechs Wochen bei Fanney in Hveragerði, als die Trächtigkeitskontrollen losgingen. Das Herrchen oder Frauchen muss natürlich der Boss sein, und wenn man abwesend ist, besteht die Gefahr, dass der Welpe den alten Hund als Autorität ansieht. Und dann wird's kritisch.

Für Fífills Erziehung war es gut, dass er bei Fanney war. Er sollte sich an eine städtische Umgebung gewöhnen, nicht wie ein schreckhafter Landhund, der seinen Hof noch nie verlassen hat.

Fanney ist mit ihm zur Hundewiese gegangen, wo er auf die unterschiedlichsten Hunde traf, und er konnte viele Eindrücke sammeln … sich an junge und alte Menschen gewöhnen, an Fahrradfahrer, Rollstuhlfahrer … so, wie es sein sollte.

In Ljótarstaðir, 22. Juni

Die Herde am Schafstall besteht aus mutterlosen Lämmern, insgesamt zehn Stück, so viele waren es noch nie. Wir geben ihnen dreimal täglich Milch, mittlerweile sogar schon aus Eimern … wir haben ihnen beigebracht, aus Eimern anstatt aus Fläschchen zu trinken, das spart uns eine Menge Arbeit. Dann ist da noch Blindigaur, ein blinder Jährling aus dem letzten Jahr. Ich habe es nicht über mich gebracht, ihn zu schlachten. Nicht gerade eine Zierde für den Hof. Er ist das Erste, was Gäste und Besucher sehen, hat eine quengelige Stimme, der Arme, und schwenkt den Kopf, als hätte er die Schafkrankheit. Er stand ein paar Tage allein auf der Hauswiese, durfte erst heute Morgen zu den anderen Lämmern und hat sich wahnsinnig gefreut.

Siggeir

Ich bin gerade von einer mehrtägigen Reise auf die Färöer-Inseln zurück, Fanney und ich hatten Siggeir dazu eingeladen ... aus Anlass seines achtzigsten Geburtstags. Manchmal bezeichne ich Siggeir Ásgeirsson von Framnes in Mýrdalur insgeheim als meinen Pflegevater. Das hat aber nichts mit meiner Mutter zu tun ... er war einfach immer wie ein Vater zu mir. Siggeir muss damit rechnen, dass Fanney und ich ihn auch hin und wieder als unseren Bruder ausgeben, und er spielt das Spiel mit, als wären wir drei Geschwister ... liegt ja auf der Hand, schließlich heißen unsere Väter beide Ásgeir.

Siggeir ist ein alter Freund der Familie. Ich mag ihn sehr, und er stand mir in all den Jahren stets mit Rat und Tat zur Seite. Er ist eine gute Seele, ein ganz lieber Mensch, immer fröhlich und heiter. Schon als Kind hing ich sehr an ihm. Er nahm mich immer ernst ... was andere nicht unbedingt taten, wie ich fand. Ich denke oft darüber nach, was für eine verantwortungsvolle Aufgabe es ist, mit Kindern umzugehen.

Siggeir ist ein Multitalent und kann alles. Vor ein paar Jahren hat er für sich und seine Schwester ein wunderschönes Torfhaus in Framnes im Mýrdalur nachgebaut. Es ist ein besonderes Vergnügen, einen so hübschen, gepflegten Hof zu besuchen.

Auf den Färöern haben wir lange Spaziergänge unternommen. Es ist wundervoll, im Sommer an sonnigen Tagen draußen zu sein. Das verpasse ich wegen der vielen Traktorfahrerei meistens, denn die ist bei Sonne und schönem Wetter angesagt. Trotzdem genieße ich den Sommer und das tolle Licht.

Ein oberer Listenplatz?

Jetzt muss ich bald eine Entscheidung treffen, wie ich mit dem Vorschlag umgehen soll, bei der Parlamentswahl im Herbst einen der oberen Plätze auf der Liste der Links-Grünen im Wahlkreis Süd einzunehmen. Ich war damals total baff, als Mama mir erzählte, da hätte eine Frau deswegen angerufen: Man würde gerade die Wahlliste zusammenstellen und wolle mich bitten, einen der oberen Plätze einzunehmen, wahrscheinlich den zweiten. Es war zwar erst neun Uhr abends, aber ich lag schon im Bett. Die Anruferin wunderte sich darüber, bis sie hörte, dass wir mitten in der Lammzeit waren. Da dämmerte es ihr.

Meine Schwester Stella war gerade bei uns und María, die Tochter meiner Schwester Fanney. Die beiden kugelten sich vor Lachen. Es war der Gag der Woche. Als die gute Frau später allerdings noch einmal anrief, fragte ich sie unverblümt, ob das ein Scherz sei, und sie sofort: »Nein!« Es war also kein Witz. Wir unterhielten uns ein bisschen, und sie sagte, wenn ich Interesse hätte, würde das Auswahlgremium mich kontaktieren. Daraufhin rief Almar an, das ist der Schwager von Jónas, für den ich in Norður-Hvammur Pferde eingeritten habe.

Ich war gerade in Svínadalur am Düngen – ein verlassener Hof, dessen Wiesen ich nutzen darf –, als der Anruf kam, und tatsächlich: Es war ihr voller Ernst. Sie boten mir zwar nicht den ersten Listenplatz an, was ich auch gar nicht wollte, aber einen ziemlich hohen. Den zweiten vermutlich. Allerdings hat es von den Links-Grünen im Wahlkreis Süd beim letzten Mal niemand ins Parlament geschafft.

Ich weiß gar nicht, was ich davon halten soll. Klar, es würde großen Spaß machen, mal in einem ganz anderen Bereich zu arbeiten als in der Landwirtschaft. Wobei sich das so leicht sagt. Ich möchte nämlich auf gar keinen Fall, dass Mama auf sich allein gestellt ist. Sie hatte 2013 einen Schlaganfall. Und im Winter war sie drei Monate im Krankenhaus wegen einer Entzündung im Knie. Aber inzwischen hat sie sich so gut erholt, dass sie wieder kocht und strickt.

Wenn ich ins Althing, das Parlament, gewählt würde, müsste ich den Betrieb komplett umstrukturieren und käme natürlich nicht umhin, jemanden einzustellen.

Die Vorstellung, den ganzen Tag auf dem Hintern zu sitzen und Akten zu wälzen, finde ich auch nicht so verlockend! Zumal man sich in einem Haifischbecken bewegt. Abgeordnete werden von allen kritisiert. Und dann diese persönlichen Schlammschlachten. Will man das wirklich?

Außerdem muss man sich bei der Kandidatur selbst anpreisen: »Hier bin ich! Das werde ich tun!« Das ist nicht so mein Ding. So was liegt den Leuten aus meiner Gegend nicht. Und dann kommt man womöglich gar nicht ins Parlament, nachdem man wahnsinnig viel Zeit und Energie in den Wahlkampf gesteckt hat.

Natürlich ist es eine Herausforderung, Parlamentsarbeit ist wichtig und völlig anders als alles, was ich bisher gemacht habe. Ein ganz neuer Bereich. In mir steckt durchaus ein gewisses Fernweh, und diese Kandidatur weckt die alte Abenteurerin in mir, die losziehen und immer wieder etwas Neues erleben möchte.

Was mich davon abhält, ist, dass ich befürchte, man will mich zu etwas machen, was ich nicht bin. Und die Angst zu scheitern. Ich sitze nicht gern in Meetings, habe einen starken Bewegungsdrang, verliere schnell die Konzentration, werde rastlos. Ich fürchte, ich hätte gar nicht die Geduld, mich gründlich in Themen einzuarbeiten, und wäre schlecht vorbereitet.

Ja, das mache ich mit mir selbst aus. Ich habe keine Lust, Gott und die Welt anzurufen. Ich bin ja sowieso immer allein. Und die endgültige Entscheidung muss ich ohnehin allein treffen.

Sicher ist es problematisch, dass es mir so schwerfällt, in der Öffentlichkeit aufzutreten, dass ich Panik bekomme, wenn ich vor Leuten stehe, schlimmstenfalls von Zittern und Appetitlosigkeit begleitet. Auch deshalb wäre diese Kandidatur eine spannende Herausforderung ... die beste Übung, meine Angst zu bezwingen! Es ist wirklich so, dass man selbst sein schlimmster Feind ist, wenn man sich jedes Mal bis zum Äußersten treibt. Ich habe das immer gemacht.

Die Kandidaturanfrage zeigt natürlich, welche Kreise der Kampf gegen das Búland-Kraftwerk bereits gezogen hat. Wegen dieses Kampfes haben sie mich kontaktiert ... offenbar haben ihn viele Menschen mitverfolgt.

Solche Aktionen wie die mit dem Búland-Kraftwerk müssen aufhören. Es geht nicht an, dass man den Leuten so etwas zumutet. Dass irgendein Möchtegern einfach überall Kraftwerke planen und mit Geld um sich schmeißen kann. Ein unmögliches System, dass sämtliche Kraftwerkvorhaben automatisch einen Anhörungsprozess durchlaufen. Die Regeln sind Schwachsinn.

Nehmen wir zum Beispiel den Fluss Svartá im Bárðardalur in Nordisland. Dort hat einer der Landbesitzer den Vertrag mit dem Energieunternehmen, das dort ein Kraftwerk bauen wollte, aufgelöst. Da war die Hölle los. Die Bauern erkannten, dass die Baumaßnahmen viel größere Umweltschäden nach sich ziehen würden, als sie gedacht hatten, deshalb kündigten sie den

Vertrag. Ich kann mir den Ärger gut vorstellen, wenn man bedenkt, was ich alles durchgemacht habe. Es ist nicht fair, die Leute in einen solchen Wahnsinn hineinzuziehen. Eine absolute Frechheit.

Heiða als Rednerin

Natürlich wissen die Leute Bescheid, auch wenn sie nicht groß rumtönen. Es ist hier nicht unsere Art, groß rumzutönen, aber jetzt haben wir Angst, jetzt fühlen wir uns bedroht, und zwar gewaltig! Jetzt schrecken die Leute hoch und sagen: Der Tungufljót, wir können uns den Fluss doch nicht wegnehmen lassen, wir dürfen uns den Fluss nicht wegnehmen lassen, und manche, von denen man es nie geglaubt hätte, äußern laut, der Fluss sei eine Perle der Natur. Der Fluss ist eine Perle der Natur, er ist unglaublich schön und voller Fische und ein Vogelparadies. Und er ist auch unsere wichtigste Landmarke, wie sollen wir uns denn westlich des Flusses noch über die Faulenzerei der Leute östlich des Flusses aufregen – und umgekehrt natürlich genauso –, wenn es keinen Fluss mehr gibt? Das erschüttert die Grundpfeiler der Gesellschaft!

Selbst Sigfús von Borgarfell, der immer schwer beschäftigt ist, außer vielleicht an Heiligabend oder wenn Kindergeburtstag ist, redet schon davon, dass er im Sommer durchaus mal die eine oder andere Wandergruppe am Fluss entlangführen könnte, wenn das der Sache zuträglich wäre. Wir sind beunruhigt, liebe Zuhörer, schwer beunruhigt!

* * *

Es wäre insofern seltsam für mich, zu kandidieren und womöglich im Althing zu landen, als dass ich dem Parteiensystem sehr kritisch gegenüberstehe und dann selbst in die Parteipolitik hineingezogen würde. Ich finde dieses System furchtbar korrupt, mit dem ganzen Geschacher der Abgeordneten. Dann müsste ich dieses und jenes durchboxen, weil ich Abgeordnete wäre, müsste für die Gemeinde Skaftárhreppur feilschen. Ich finde das System völlig bizarr. Wer weiß, vielleicht könnte man auch etwas Positives bewirken, obwohl man parteigebunden ist? Mit Zankerei und Sturheit würde das vielleicht funktionieren, aber wäre ich dazu bereit?

Andererseits, warum nicht … dann könnte ich mich wenigstens auf eine Sache konzentrieren … müsste mich nicht mehr mit Gemeinderatsthemen herumschlagen, mit dem Vatnajökull-Nationalpark, wo ich Vorsitzende des Regionalrats West bin, zusätzlich zu der ganzen Arbeit zu Hause mit dem Betrieb. Wenn ich ins Parlament käme, hätte ich nicht tausend Dinge gleichzeitig im Kopf.

Trotzdem weiß ich nicht, ob meine Konzentration ausreichen würde. Ob ich nicht mitten in einer Sitzung Verse dichten oder die Lammzeit organisieren würde, mit neunmalklugem Gesichtsausdruck, ohne zu wissen, was um mich herum geschieht. Es wäre nicht gut, plötzlich mit dem dritten Vers ins Schleudern zu geraten, während gerade wichtige Themen diskutiert würden. Bei Sitzungen neige ich dazu, mit den Gedanken abzuschweifen, ich denke mir Geschichten aus und stelle mir abwegige Fragen. Wenn zum Beispiel jemand besonders nervig ist, fange ich an zu überlegen: Wie kann man nur so sein? Ist der Typ etwa in der Steinzeit hängen geblieben? Ist der Kerl eine Mumie?

Was eine etwaige Parlamentsarbeit betrifft, meinte mein guter Freund Þór Saari, der ein paar Jahre Abgeordneter war, ich würde darüber verrückt werden. Ich bin es gewohnt, die Dinge anzupacken, aber im Parlament und in der Verwaltung funktioniert das nicht. Alles läuft im Schneckentempo. Das wäre wahrscheinlich das Schlimmste für mich. Wenn wochen- und monatelang nichts vorangeht.

Þór hat ein Buch darüber geschrieben: *Was läuft im Althing verkehrt?* Das ist wirklich abschreckend. Man wird stinksauer, wenn man es liest. Diese Arbeitsmethoden! Eines Abends, als er gerade mit seiner Tochter Hausaufgaben machte und zufällig seine Mails anklickte, kam noch ein Gesetzesentwurf, der am nächsten Tag abgesegnet werden sollte. Man knallt den Abgeordneten derart kurzfristig Gesetzesentwürfe vor, dass sie gar keine Zeit haben, sie richtig anzuschauen. Es sei denn, sie legen Nachtschichten ein. Als wäre man nachts noch aufnahmefähig! Das Althing ist ein sehr spezieller Arbeitsplatz. Þór meint, es sei der schlimmste und langweiligste Arbeitsplatz, den er je hatte. Das klingt alles andere als attraktiv ... als würden die Abgeordneten einfach innerlich abschalten. Und ihre Arbeit nicht mehr mit der nötigen Sorgfalt erledigen.

Aber Kandidatenliste hin oder her, die Sache bereitet mir kein ernsthaftes Kopfzerbrechen. Egal was ich tue, am Ende bin ich bestimmt zufrieden.

23. Juni

Seit der Reise auf die Färöer arbeite ich auf Hochtouren. In der momentanen Situation ist es kaum möglich, Urlaub zu machen. Aber trotzdem nötig. Ich bin spät dran mit der Bodenbearbeitung, müsste eigentlich schon fertig gesät haben, muss heute Nacht pflügen, so lange es geht. Ich habe heute Morgen um sechs Uhr angefangen. Danach muss ich zu Ende fräsen. Ich benutze Landmaschinen vom Maschinenring, deshalb konnte ich nicht anfangen, wann ich wollte. Wenn ich gepflügt und gefräst habe, muss ich säen und walzen. Diesen Sommer ist viel Frost im Boden. Ich bearbeite einen Acker, der in sehr schlechtem Zustand ist, und lasse ein anderes Stück vom letzten Jahr ruhen. Es bringt nichts, sich schon vorher zu stressen. Man muss die Arbeit machen, wenn sie anfällt. Die Saat in die Erde bringen. Die Schafe in die Berge treiben. Mit den Aufräumarbeiten nach der Lammzeit bin ich zum Glück fertig. Am liebsten hätte ich auch schon die Terrasse, den Schafspferch und die Zäune mit Holzschutzmittel gestrichen, aber das kommt noch. Dabei war Mama immer eine große Hilfe, doch jetzt tut sie sich damit schwer wegen ihres kranken Beins.

Am Samstag fahre ich nach Reykjavík und helfe Onkel Addi bei seinem Fünfzigsten. Danach gehe ich zur Wahlparty von Andri Snær Magnason. Der ist mein Favorit für das Präsidentenamt. Ansonsten würde ich noch Elísabet Jökulsdóttir wählen. Ich mag ihre Botschaft: Mehr Stimmung!

* * *

Bei dem endlosen Licht im Hochsommer sind meine Arbeitstage lang, und es kommt vor, dass ich auch nachts arbeiten muss.

In meinen ersten Jahren als Landwirtin arbeitete ich ununterbrochen, Tag und Nacht. Es macht mich völlig fertig, wenn ich daran denke. Einmal drehte ich total am Rad, ich weiß nicht mehr, die wievielte Nacht am Stück es war. Ich war am Pflügen, frühmorgens. Da quoll plötzlich alles Mögliche aus dem Acker. Kühe und Schafe. Als ich einen Düngerstreuer hochquellen sah, schaltete ich den Traktor aus. Es war ein blauer Düngerstreuer. So etwas mache ich nicht mehr. Ich versuche gar nicht erst, mehrere Nächte hintereinander zu arbeiten. Wenn mir meine jungen Vettern aus der Nachbarschaft, die so reinklotzen wie ich früher, Snaps schicken, dann denke ich nur: Ihr kleinen Angeber, das schafft ihr auch nur ein paar Jahre! Dann ist es vorbei.

Inzwischen gehe ich normalerweise zu einer vernünftigen Zeit ins Bett und stehe lieber früh auf. Dieses pausenlose Arbeiten am Stück ist bei mir lange vorbei.

Dass ich das überhaupt so durchziehen konnte! Ich weiß, dass ich jetzt mehr schaffe, obwohl ich weniger arbeite. Das kommt mit der Erfahrung und Reife. Früher habe ich manchmal so reingehauen, dass ich mehr falsch als richtig gemacht habe. Mittlerweile habe ich die Rahmenbedingungen optimiert, sodass viele Arbeiten schneller gehen und weniger anstrengend sind. Das macht einen Riesenunterschied. Besonders die Arbeitsbedingungen im Schafstall. Außerdem sind die Maschinen viel besser.

25. Juni

Jetzt habe ich die dritte Nacht hintereinander gepflügt und gefräst. Mit jeweils vier Stunden Schlaf pro Nacht. Ich bin nicht besonders müde, aber sehr steif vom langen Sitzen auf dem Traktor. Natürlich ist das nicht gesund.

Bis zum frühen Nachmittag muss ich fräsen, dann fahre ich mit Mama nach Kirkjubæjarklaustur zum Wählen und bringe sie wieder zurück zum Hof. Anschließend fahre ich in die Stadt zu Addis Geburtstag und heute Abend zur Wahlparty von Andri Snær.

Mit dem Säen muss ich warten, bis ich zurück bin. Aber ich bin nicht mehr auf die Maschine vom Maschinenring angewiesen, weil Ella gestern, als ich darauf wartete, zu mir meinte: »Was soll der Quatsch? Warum säst du nicht mit dem Düngerstreuer?« Also marschierte ich los und säte mit dem Düngerstreuer. Es ging ganz gut, deshalb mache ich das so weiter.

In Ljótarstaðir, 26. Juni

Gerade bin ich auf den Hof gefahren, pünktlich zum Abendessen. Letzte Nacht wurden wir gegen fünf Uhr in Reykjavík aus der Kneipe geworfen.

Das war ganz schöner Stress gestern. Ich bin in aller Herrgottsfrühe aufgestanden, dachte, ich würde den Rest in drei Stunden fräsen, brauchte aber fünf Stunden. Dann hing ich am Telefon, und die Uhr tickte und tickte.

Ich hatte drei Tage nicht mehr geduscht, weil meine Ausruhzeit, die vier Stunden pro Nacht, mir zu kostbar waren, um sie unter der Dusche zu verplempern. Ich dachte schon, der Abfluss würde verstopfen, weil so viel Dreck in die Duschwanne lief. Meine Haare waren total verknotet, voller Erde, und ich roch nach Schweiß und Staub. Unter normalen Umständen bringe ich meinem Körper durchaus so viel Wertschätzung entgegen, dass ich mich regelmäßig wasche, auch wenn ich nicht in die Stadt muss.

Danach rasten Mama und ich nach Kirkjubæjarklaustur, um einen neuen Präsidenten zu wählen, ich hatte noch nicht mal Zeit, mir die Haare zu kämmen. Anschließend brachte ich Mama wieder zurück nach Hause und fuhr nach Reykjavík. Bei Fanney in Hveragerði zog ich andere Klamotten an. Ein Kleid, todschick. Darin sah ich aus, als hätte ich noch nie auf einem Trecker gesessen.

Bei Addis Geburtstag gab es Wodka mit O-Saft, Screwdriver, der ist natürlich gelb, aber Fanney hatte ihn gefärbt, mit Biofarbstoff wohlgemerkt, sodass er grasgrün war. Ein spezieller

Ökodrink. Das Zeug hatte sie in eine feine Glaskaraffe mit Zapfhahn gefüllt, die wir von den Färöern mitgeschleppt hatten. Ansonsten gab es gigantische Brottorten von Tante Kolla, die auch noch dicke zum Frühstück gereicht haben.

Apropos Ökodrink, Addi ist nämlich Naturschützer, so wie viele in meiner Familie, aber kein Fanatiker. Wir Schwestern und Mama sind gegen das Búland-Kraftwerk. Die meisten unserer Verwandten wollen auch nicht, dass Mama und ich davon überrollt werden, auch wenn sie Kraftwerke nicht generell ablehnen.

Ich würde mir hingegen wünschen, dass man erst einmal innehält und nachdenkt, wenn es um die Ausbeutung unserer natürlichen Ressourcen geht. Ich bin entschieden dagegen, dass in Island weiter in großem Stil Kraftwerke auf Kosten der Natur gebaut werden.

Onkel Addi ist mein rettender Engel für alles Mögliche. Er kümmert sich zum Beispiel um die gesamte Elektrizität auf dem Hof, weil ich panische Angst vor Feuer und demzufolge auch vor Strom habe. Addi hat in allen Außengebäuden neue Lampen angebracht ... was im Winter Gold wert ist. Außerdem berät er mich in Telefon- und Computerangelegenheiten. Er hat eine Engelsgeduld, wenn seine unbedarfte Nichte ihn zu den unmöglichsten Uhrzeiten mit ihren dummen Fragen löchert. Er rennt durch die ganze Stadt, um Dinge für mich zu kaufen, bringt Geräte zur Reparatur ... Wir sind sehr gute Freunde, und ich bin froh, dass ich bei ihm übernachten darf, wenn ich in Reykjavík bin.

Nach der Geburtstagsfeier fuhren meine Freundin Drífa, Fanney und ich in die Innenstadt, zuerst zur Wahlparty von Andri Snær. Ich stellte mich ihm vor und sagte ihm, dass ich voll und ganz hinter ihm stünde.

Ich hatte vorher noch nie mit ihm gesprochen, und es war toll, ein paar Worte mit diesem Idol zu wechseln. Zu dem Zeitpunkt war bereits klar, dass Andri nicht Präsident werden würde. Man will gar nicht daran denken, dass Island die Chance vertan hat, diesen großartigen Mann zu wählen, der so viele Möglichkeiten hat, auch international etwas zu bewegen.

Ich verstehe durchaus, dass die Leute Guðni Jóhannesson gewählt haben, das ist auch völlig in Ordnung. Aber Andri wäre ein Fortschritt, ein Riesenschritt in die Zukunft gewesen. Eine Veränderung zum Guten. Es macht mich traurig, dass es uns nicht gelungen ist, Andri durchzubringen.

Obwohl er es nicht geschafft hat, war es sehr gut, dass er kandidiert hat. Bei den Präsidentschaftswahlen ging es viel um Natur- und Klimaschutz, weil er dabei war.

Nach der Wahlparty im Iðnó, gegen eins, gingen wir in die Íslenski barinn … keine Ahnung, ob das die Kneipe direkt neben dem Nationaltheater ist, ich bin in Reykjavík immer verloren. Dann ins Vegamót, dann ins Lebowski und dann in diese Schwulenbar, Kiki. Wenn man schon mal feiert, dann richtig!

Wir haben die Biersorte Einstök – einzigartig – umgetauft in Mistök – Fehler. Passend zum Wahlergebnis, weil Andri Snær nicht gewählt wurde. Normalerweise trinke ich bei Kneipentouren kein Bier, lieber Wodka mit O-Saft und ein paar Schnäpse, irgendein Gesöff, Hauptsache, es knallt.

Es wurde jedenfalls ein ziemlich billiges Besäufnis, weil ich nach drei Tagen und Nächten Pflügen und Fräsen todmüde war, aber ich habe es richtig genossen, mal wieder ausgiebig zu feiern … ich hatte mich total darauf gefreut und wusste, dass es superlustig würde, weil ich Drífa so lange nicht mehr gesehen hatte. Sie ist eine echte Stimmungskanone. Und ein toller Mensch. Sie promoviert gerade und stellt ihre eigene Theorie zur Berechnung der gesellschaftlichen Grundkosten von häuslicher Gewalt auf. Sie hat Psychologie und Kriminologie in

England studiert. Seit damals, als ich bei ihr auf dem Hof Norður-Hvammur war, sind wir Freundinnen.

Es war ein super Abend. Drífa behauptet, die Männer hätten mich wie die Fliegen umschwirrt und es sei ja logisch, dass die Kerle von einem Laternenpfahl wie mir angezogen würden. Ich habe jedenfalls nicht viel von dieser Massenbewegung mitbekommen, die Drífa gesehen haben will, und mich wunderbar amüsiert.

Drífa macht Kampfsport im Verein Mjölnir. Heute prügele ich mich nicht mehr mit ihr, aber früher haben wir uns so gebalgt, dass das ganze Haus wackelte, diese kleine Holzhütte ... damals hätte nicht viel gefehlt, und wir hätten die Wände eingetreten. Ihre Mutter scheuchte uns unerbittlich nach draußen und meinte, wir würden uns aufführen wie rivalisierende Hengste.

Drífa will mich überreden, die Kandidatur anzutreten. Ich habe ihr gesagt, dass ich Angst habe, zu etwas gemacht zu werden, was ich nicht bin. Darauf meinte sie nur, ich solle mich nicht so anstellen, und boxte mich in den Bauch. Ich konnte gerade noch rechtzeitig die Bauchmuskeln anspannen, deshalb war's nicht so schlimm.

In der nächsten Kneipe nervte sie mich, weil sie andauernd am Handy hing und chattete, deshalb riss ich es ihr aus der Hand. Sie beschimpfte mich als Rüpel ... und hatte praktischerweise gerade im Kampfsportverein diesen coolen Griff gelernt, mit dem sie mich urplötzlich auf den Boden der Schwulenbar beförderte. Und ich im schicken Kleid. Sie übrigens auch. Da lag ich dann, bis sie mich wieder hochzog und sagte: »Jetzt hören wir aber auf! Beide!«

Drífas Vater Jónas war maßgeblich an der Verhinderung eines Aluminiumwerks in Dyrhólaey und dem westlich davon gelegenen Dyrhólahöfn beteiligt gewesen, das war 1974. Ihm gebührt alle Ehre für diesen heldenhaften Kampf. Heutzutage käme niemand mehr auf so eine absurde Idee. Er hat mich angerufen, und wir haben eine Stunde miteinander telefoniert … er hat mich ermutigt, zu kandidieren.

Heute fühle ich mich gar nicht schlapp … wenn ich gefeiert habe, bin ich zwar müde, aber nie verkatert. Kopfschmerzen. Magenschmerzen. Kater. Kenne ich nicht. Meine Schwestern sind auch so. Das liegt wohl in der Familie.

In Ljótarstaðir, 27. Juni

Nein, ich schaue heute Abend nicht das Fußballspiel England gegen Island. Dazu habe ich keine Zeit.

Heute Morgen ging's hier drunter und drüber, weil der Traktor kaputt war. Er sprang nicht mehr an. Da habe ich die Zeit genutzt und mit dem Quad ein paar Schafe ins Hochland getrieben, weil die Genehmigung vom Amt für Bodenschutz schon da war. Die Höfe Ljótarstaðir und Snæbýli liegen am nächsten zu den Hochlandweiden, sodass wir nicht den zeitraubenden Aufwand betreiben müssen, die Tiere mit dem Anhänger raufzukarren.

Während ich die Schafe hochtrieb, reparierte mein Nachbar Palli den Traktor. Ich hatte die Kohlsamen schon in den Dünger gemischt, hatte schon einen Sack ausgebracht, da ging der Düngerstreuer kaputt. Das wird angepflanzt, damit die Lämmer im Herbst Kohlrüben zum Fressen haben. Palli war mein Retter in der Not, kam mit seinem Düngerstreuer, säte den Rest und düngte das andere Feld. Er traute sich nicht, es mit seinem Düngerstreuer zu säen, deshalb kommt heute Abend ein anderer Nachbar und erledigt das für mich mit einer Sämaschine.

Der Rahmen des Düngerstreuers war gebrochen und hatte eine Achse aus dem Getriebe gerissen. Das Getriebe ist schwer beschädigt, muss repariert und geschweißt werden. Ich muss den Düngerstreuer auf die Ladefläche des alten Lux heben und zur Reparatur nach Álftaver bringen. Typisch, dass die Maschinen einem unter dem Hintern zusammenkrachen. Der Düngerstreuer ist jetzt neun Jahre alt und war auch letztes Jahr schon kaputt, der macht nur Ärger.

Es ist nicht schwierig, diese Maschinen zu bedienen. Pflügen ist am kniffligsten, weil der Pflug gerade hinter dem Traktor hängen muss, das muss richtig eingestellt sein. Das ist alles kein Problem, wenn man die Arbeit mit solchen Geräten gewohnt ist. Aber natürlich wird es stressig, wenn die Maschinen kaputtgehen. Viele Bauern sind Multitalente und können alles reparieren. Ich kann Filter wechseln, mehr nicht.

Jetzt muss ich nur noch walzen. Wir besitzen zu viert eine Walze. Die Walze drückt das Saatgut in den Boden, damit es früher keimt, außerdem besteht dann weniger Gefahr, dass alles wegfliegt, wenn Wind aufkommt. Diesmal bin ich damit spät dran, wegen des Urlaubs auf den Färöern, aber wenn sich das Wetter hält, ist alles okay.

Meine Schwester Stella kam kurz zu Besuch, und ich schaffte es gerade so, mit ihr und ihrer Tochter Arndís und deren Kindern zu Mittag zu essen. Stella wohnt in Akureyri und fährt jetzt mit zu Arndís nach Meðalland.

Wie üblich habe ich Zeitdruck, wahnsinnig viel zu tun. Momentan dreht sich alles darum, die Feldarbeit zu beenden, die Schafe ins Hochland zu bringen, die Heumaschinen klarzumachen, den Düngerstreuer zur Reparatur zu bringen. Dazu kommen jede Menge Instandhaltungsarbeiten. Die Wellblechverkleidung von Rimma erneuern, das ist der eine Schafstall, die Holzteile mit Holzschutzmittel bearbeiten und ausbessern.

Heuernte und Planung

Ich bin ein Planungsfreak. Ich habe immer Plan A, B und C. Die Heuernte ist bei mir komplett durchorganisiert. Um soundso viel Uhr wird gemäht, um soundso viel Uhr wird gerecht. Wenn ein Regenschauer kommt, drehe ich durch … Mann, wie konnte das nur passieren? Dann ist die ganze Planung für die Katz. In meinen Sturm-und-Drang-Jahren musste ich mich in solchen Momenten wieder runterholen, indem ich kalt duschen ging. Heute klappt es schon mit fortgeschritteneren Methoden: mit einer Tasse Kaffee und leisem Fluchen zum Beispiel.

Letzten Sommer habe ich auch schon auf dem verlassenen Hof Svínadalur Heu gemacht, etwa fünfzehn Kilometer von hier entfernt. Diesen Sommer wird das alles sehr aufwendig, weil die Wiesen vom Frost so geschädigt sind, dass die in Svínadalur nicht ausreichen. Ich darf auch noch in Holt á Síðu Heu machen, brauche aber ziemlich lange, um hinzukommen, weil die Brücke über den Fluss Eldvatn bei Ásar nach dem Gletscherlauf in der Skaftá nur noch für Pkws befahrbar ist. Deshalb muss ich über die Hrífunes-Hochheide fahren, über die alte Nationalstraße, eine wesentlich längere und schwierigere Strecke. Und die Abzweigung nach Holt ist auch nicht gut. Mit dem Traktor sind das für eine Strecke zwei Stunden Fahrzeit.

Zum Glück dauert die Heuernte unter normalen Umständen nicht so lange, aber das Arbeitspensum ist schon heftig. Und es ist nicht damit getan, die Ballen zu pressen, denn man darf sie nicht draußen auf der Wiese liegen lassen. Sie müssen schnell eingesammelt und am Hof gestapelt werden, sonst kommen die Möwen ans Heu. Wenn Löcher in die Rundballen kommen, ist das Heu gefährdet. Es fängt an zu schimmeln, und die Schafe können eine Futtervergiftung bekommen.

Manchmal heißt es: Landwirtschaft ist Heuernte. Die Landwirtschaft hängt davon ab, genug gutes Heu zu machen.

Die Heuernte und die Gemeindepolitik und ein Posten im Vorstand des Vatnajökull-Nationalparks lassen sich extrem schlecht unter einen Hut bringen. Ich kann unmöglich lange im Voraus sagen: Ich komme an diesem oder jenem Tag zu einem Meeting oder einer Exkursion. Ich muss das Heu einfahren. Basta. Es ist aber auch umgekehrt schon vorgekommen, dass ich jemanden bitten musste, für mich Heu zu machen, weil ich an einem wichtigen Erntetag einfach nicht drum herumkam, irgendwo aufzukreuzen.

Ella und Heiða

Es ist eine große Unterstützung für mich, dass meine Freundin Ella in unmittelbarer Nähe wohnt. Wir haben beide zur selben Zeit den Hof übernommen und waren immer ein Team, auch die meiste Zeit zusammen in der Schule, vom Internat in Kirkjubæjarklaustur bis zur Landwirtschaftsschule in Hvanneyri.

Mit drei Jahren lernten wir uns bei einer Weihnachtsfeier kennen. Mama sagt, wir hätten uns auf Anhieb gut verstanden. Ella und ich haben uns im Lauf der Zeit ein paar Sprüche zugelegt, die wir bei passenden Gelegenheiten anbringen.

Es läuft, wenn man dranbleibt.

Das heißt, selbst wenn eine Sache nur langsam vorangeht, gelingt sie am Ende, sofern man nicht von ihr ablässt. Ich bin da ziemlich ausdauernd. Ich lege Pausen ein, arbeite aber in der Regel kontinuierlich weiter.

Man kriegt nur Heu, wenn man mäht.

Darauf kamen wir irgendwann, als das Heu nass wurde. Natürlich herrscht beim Mähen oft Ungewissheit.

Unter den Düngersäcken wächst garantiert nichts.

Das hat Ella mal gesagt, als ich die Wiesen schon gedüngt hatte. Dann kam ein Kälteeinbruch, und ich zerbrach mir den Kopf darüber, ob das vielleicht dumm und noch zu früh gewesen war.

Ella hat einen großen Hof mit Milchvieh und Schafen und macht in einem Monat so viel Umsatz wie ich in einem Jahr. Sie hat ihren Eltern direkt nach der Hofübernahme die Schafe abgekauft und ist heute Mehrheitseignerin einer Kapitalgesellschaft, der das alles gehört.

Ella hat übermenschliche Fähigkeiten. Sie ist bei allem doppelt so schnell wie ich und macht alles doppelt so gut. Beim Schafabtrieb unermüdlich … dabei ist sie ganz schmal, besteht nur aus Sehnen, Muskeln und Knochen.

Als Kind war sie fleißig und richtig taff. Schon als kleines Mädchen half sie den Mutterschafen beim Lammen … und war noch ein Winzling, als sie das erste Mal auf einem Pferd saß. Papa hielt große Stücke auf sie. Zur Konfirmation schenkte er ihr ein Fohlen, das sich leider als sturer Gaul entpuppte, aber das ließ sich nicht vorausahnen, und das Geschenk war gut gemeint.

Ella hat das Schafezüchten im Blut und erzielt damit Spitzenerträge. Sie hat ein gutes Gedächtnis für Zuchtlinien und kennt alle ihre Schafe, was man von mir nicht gerade behaupten kann. Was die Zucht angeht, fällt es mir jedes Mal schwer, zweifarbige Zibbenlämmer zu schlachten. Die finde ich so hübsch.

Außerdem neige ich dazu, die schlechten Schafe zu vergessen. Es kommt vor, dass ich drei Jahre hintereinander im Frühling feststelle, dass ein bestimmtes, ziemlich blödes Schaf immer noch da ist! Ich habe keine Geduld, über den Zuchtbüchern zu sitzen und mir das Hirn zu zermartern, um die Erträge zu maximieren. Ganz so schlimm ist es natürlich auch nicht, und ab und zu leihe ich mir von Ella oder jemand anderem einfach einen Schafbock.

Im Großen und Ganzen habe ich akzeptiert, wie ich bin. Ich bin insofern eine gute Bäuerin, als ich mich gut um die Tiere kümmere. Ihr Wohlbefinden ist mir wichtig, ich weiß, wie es ihnen geht, und sie bereiten mir Freude. Wenn ich ein paar Tage kein Tier streicheln kann, fehlt mir etwas.

Meine Lieblingsfarbe bei Schafen wird bei uns in der Gegend

golóttur genannt, andernorts aber meistens *botnóttur*. Solche Schafe haben einen weißen Bauch, der Rest ist dunkel. Sie sind weiß an der Kehle, am Hinterteil und in den Ohren und haben weiße Augenbrauen, sind also von unten größtenteils weiß. Oben sind sie schwarz oder grau, am häufigsten schwarz. Die ganz dunklen sind die schönsten.

Im Moment habe ich nur zwei zweifarbige Braune, *morgolóttur*, und viel zu viele zweifarbige Schwarze, *svargolóttur*. Die zweifarbig Grauen werden als *grágolóttur* bezeichnet, aber anderenorts sagt man *grábotnóttur* und *móbotnóttur* oder sogar *mórubotnóttur*. An manchen Orten in den Westfjorden bezeichnet man sie als *gofóttur*. Das erinnert an *kofa, lundakofa*, das Wort für ein Papageitaucherjunges, und die sind ja auch zweifarbig ... ich rate nur so zum Spaß, wo die Bezeichnung wohl herkommen mag.

4. Juli.
Telefongespräch. Kandidatur.
Heuernte auf einem fremden Feld

Um drei war ich hier, bin gegen Mitternacht fertig. Das Wetter ist gut ... aber vorhin gab's einen Regenschauer. Es hat nur hier geregnet, nirgendwo sonst. Die Nachbarn in Hunkubakkar haben mit dem Ernten aufgehört, habe ich gesehen. Die waren gerade dabei, das Heu einzusammeln. Beim Mähen macht der Regen nicht so viel aus.

Weil ich die Wiese hier nicht kenne, traue ich mich nicht, Vollgas zu geben. Ich fahre lieber vorsichtig, bin ein bisschen schissig, weil das Gras so hoch steht. Sonst lande ich noch im Graben. Aber es hilft, dass ich hier schon mal für meinen Nachbarn gerecht habe ... immerhin habe ich schon mal an der Wiese geschnuppert.

Zu Hause in Ljótarstaðir ist die Heuernte in vollem Gang, fünfzig Rundballen sind schon gepresst.

Gestern bekam ich einen Anruf, die offizielle Anfrage, ob ich den zweiten Platz auf der Liste der Links-Grünen im Wahlkreis Süd einnehmen will. Sieht ganz so aus, als wäre ich dabei. Ich bereite jetzt alles vor und informiere die Kollegen im Gemeinderat. Ich bin hin- und hergerissen wegen dieser Kandidatur. Aber ich weiß, dass ich mich ärgern würde, wenn ich es nicht mache. Es wäre eine vertane Chance, trotzdem ist es nicht leicht. Ich bin ja eher der Typ, der lieber zu Hause ist und seine Ruhe hat.

Oh Gott, da fliegt eine Ente auf! Hoffentlich bin ich nicht über ihr Nest gefahren. Nein, knapp vorbei. Da liegen acht Eier im Nest. Hier ist alles voller Vögel. Ich trage andauernd Bekassinenküken aus dem ungemähten Gras.

Mit der Kandidatur ist es wie mit dem Schafescheren, als ich das professionell gemacht habe oder anfing, bei Wettbewerben anzutreten. Ich habe einfach probiert, ob ich's schaffe, ob ich stark genug bin, ob mein Rücken mitmacht. Die Kandidatur ist eine Herausforderung, da gibt's eine gewisse Ähnlichkeit.

Mann, was haben die sich eigentlich dabei gedacht, als sie die Wiese angelegt haben – der Trecker hebt bei jeder Pflugfurche ab!

Es wäre natürlich schlecht, wenn wir im Wahlkreis Süd keinen Kandidaten durchbekommen würden, so wie beim letzten Mal. Natürlich gebe ich mein Bestes, damit wir es beide schaffen. Wenn ich schon kandidiere, will ich auch ins Parlament.

Puh, ich verirre mich noch hier auf der Wiese. Kann nichts mehr sehen bei dem vielen wirbelnden Gras. Da sieht man ja die Hand nicht mehr vor Augen.

Aber das kriege ich schon hin. Ich habe einen hyperaktiven Schutzengel, ich komme immer irgendwie durch.

5. Juli.

Mehr Heuernte in Holt

Ich habe ein paar Stunden geschlafen, war letzte Nacht gegen halb eins fertig mit Mähen, habe dann heute Morgen einen Gepäcktransport für den isländischen Wanderverein übernommen und war gegen Mittag wieder hier zum Heuwenden. Früher zu kommen hätte nichts gebracht, denn heute Morgen hat es geregnet.

Ich muss für die Nutzung der Wiesen hier in Holt nichts bezahlen. Die Eigentümer sind froh, wenn sie gemäht werden. Das Gras ist gut und bringt sehr viel Heu. Ich kriege bestimmt um die zweihundert Rundballen zusammen. Aber es wird eine teure Ernte, weil ich den langen Weg mit dem Traktor herzockeln muss und eine Unmenge Benzin verbrauche. Sehr viele Fahrten insgesamt, die Heuernte abseits des eigenen Hofes ist zeitintensiv, aber es bringt nichts, über Geld und Zeit zu jammern – Landwirtschaft ist Heuernte. Klar mache ich das nur, weil meine Wiesen frostgeschädigt sind und mir die zusätzliche Fläche in Svínadalur, wo ich in den letzten Jahren immer Heu gemacht habe, nicht ausreicht.

Eine Ernte so weit entfernt vom eigenen Hof muss gut organisiert sein. Die Maschinen müssen hin- und hergebracht werden, in der richtigen Reihenfolge: Mähmaschine, Heuwender, Schwader, Ballenpresse. Ich kann bis sieben Uhr wenden, danach bringt das nichts mehr, dann kommt der Tau. Natürlich habe ich nur den Traktor hier, kein Auto. Erst sah es so aus, als müsste ich heute Nacht hier zelten, aber jetzt gibt es eine andere Lösung. Fanney hat einen Termin in Kirkjubæjarklaustur und fährt mich anschließend nach Hause. Ich hätte natürlich auch in Hunkubakkar übernachten können.

17. Juli.

Telefongespräch

Ich mähe gerade in Svínadalur. Es ist nass, aber ich mache trotzdem lieber weiter, als abzuwarten.

Über meine etwaige Kandidatur habe ich nichts mehr gehört. Das ist noch unklar.

Falls Ari Trausti nicht, wie geplant, den ersten Listenplatz einnimmt, stellt sich die Frage, ob ich noch den zweiten Platz bekomme. Ich rechne nicht damit, dass man mir den ersten Platz anbietet. Das wäre für mich auch ein größeres Risiko mit einem härteren Wahlkampf, als mir lieb ist.

Die Heuernte in Holt habe ich mit toller Unterstützung abgeschlossen. Mein Neffe Ármann kam mit dem Lkw aus Skaftártunga. Den beluden wir in Holt mit meinem Gráni und liehen uns dann zu Hause zum Abladen von den Nachbarn in Gröf den John-Deere-Traktor. Ármann ist ein echtes Arbeitstier. Wir haben die Rundballen in der Nacht transportiert, tagsüber ist es unmöglich, mit Ladung über die Straßen zu fahren, wegen des vielen Verkehrs ... Holt liegt ja an derselben Abzweigung wie die Schlucht Fjaðrárgljúfur, dieses beliebte Ausflugsziel. Wir fuhren viermal und haben beide in dieser Nacht kein Auge zugemacht. Aber für mich war es Luxus, weil ich nicht fahren musste, sondern von Ármann kutschiert wurde.

Dann fuhr ich die letzten Rundballen auf dem Anhänger von Holt nach Hause und brauchte natürlich eine Weile, um sie aufzuladen. Und wer überholt mich da bei Gröf, kurz vor Ljótarstaðir? Ármann natürlich, der Schafe zu den Hochlandweiden bringt! Er hatte nur kurz einen Kaffee getrunken und dann weitergearbeitet – während ich nach Hause fuhr und mich aufs Ohr legte. Es war ein gutes Gefühl, so viel Heu eingebracht zu haben.

Eins ist jedenfalls klar: Heuernte so weit entfernt wie in Holt, aber auch die Heuernte im Allgemeinen, ist keine Arbeit für eine Person … das wäre überhaupt nicht machbar.

19. Juli

Ich bringe die Rundballen von Svínadalur nach Hause. Für jede Fahrt brauche ich drei Stunden, aber nach der Aktion in Holt kommt mir das richtig kurz vor. Das letzte Stück Straße zu dem verlassenen Hof ist schlecht, und die Feldwege auch, deshalb zieht es sich.

Ich habe auf Risiko gemäht und kann froh sein, das Heu so schnell eingeholt zu haben. Manchmal muss man es einfach drauf ankommen lassen.

Die Heuernte läuft diesen Sommer wie geschmiert. Jetzt habe ich nur noch etwa fünfunddreißig Hektar Hauswiesen vor mir. Diese Wiesen werden beweidet, deshalb können sie erst jetzt gemäht werden, selbst wenn das Problem mit dem Frost nicht gewesen wäre.

21. Juli mittags.
Telefongespräch

Nach dem Mittagessen gehe ich raus. Gestern hatten wir noch lange Besuch – ich dachte, die würden eine Stunde bleiben, aber sie kamen um vier und blieben bis halb zwölf. Steinar Kaldal vom Naturschutzbund Landvernd mit britischen Fernsehleuten, die sich an ihn gewandt hatten. Sie machen einen Film über das zentrale Hochland und haben mich richtig ausgequetscht. Ich sollte Isländisch sprechen, aber die Fragen waren auf Englisch. Mein Englisch ist ganz gut, aber es ist leichter, wenn man Isländisch sprechen darf und nicht rumstammeln und nach den richtigen Wörtern suchen muss. Im Isländischen gibt es genau die passenden Wörter für das, was man sagen will. Die Leute waren echte Profis und ließen sich viel Zeit für die richtige Kameraeinstellung.

* * *

Wenn ich im Sommer nicht gerade Heu mache, nutze ich die Zeit für Instandsetzungsarbeiten, wie zum Beispiel Streichen. Im Sommer 2013 und 2014 hatte ich größere Baustellen, da haben wir das Wellblech auf den Dächern, wo nötig, ausgebessert und alle Dächer gestrichen. Ich dachte, wir würden vor dem Spätherbst, wenn ich zum Schafabtrieb muss, nicht fertig werden. Aber Mama und ich schafften es gerade noch, die letzte Außenwand mit Farbe zu bepinseln, bevor ich losmusste. Ich hatte vorher schon Hilfe beim Streichen, und als Fanney kam und mit anpackte, lief es wie am Schnürchen.

Ich habe lange über die Farbproben von Harpa nachgegrübelt. Zu der Firma habe ich Beziehungen über die Verwandtschaft, die hatten mir kleine Probedosen zugeschickt. Am Ende entschied ich mich für das Königsblau, mit dem ich sehr zufrieden bin. Es ist immer ein besonderes Gefühl, wenn ich auf den Hof zufahre und meine hübschen blauen Dächer sehe.

Zu den Sommerarbeiten gehört auch, das Wohnhaus mit dem Hochdruckreiniger abzuspritzen und die Verkleidung zu reinigen. Kann schon sein, dass ich da ein bisschen pingelig bin. Genau wie beim Parken des Heuladers, des Heuwenders und aller anderen Maschinen … die stehen bei mir exakt in Reih und Glied, falls du das noch nicht bemerkt haben solltest!

3. August.
Festival auf den Westmännerinseln

Das Festival war wie immer super. Aber ich bin allein hingefahren, Fanney konnte nicht, und Drífa ist im letzten Moment abgesprungen.

Fanney hat früher auf den Westmännerinseln gewohnt, hat dort die Schule geleitet, bevor sie Direktorin an der Schule in Hveragerði wurde. Als Fanney auf die Westmännerinseln zog, ging ich eigentlich schon nicht mehr zum Festival, und auch jetzt fahre ich nur hin, weil ich dort Freunde habe, bei denen ich übernachten kann. Wenn man erwachsen ist, zeltet man nicht mehr direkt auf dem Festivalgelände. Es ist wundervoll, dass man zusammen mit diesem Fest älter wird und jede Menge Leute trifft, wobei man eigentlich immer denselben über den Weg läuft und viele gar nicht sieht, obwohl man weiß, dass sie da sind. Da kommt natürlich eine riesige Menschenmenge zusammen, fünfzehntausend Mann. Ich feiere in den weißen Zelten, mit den Einheimischen, das ist am schönsten. Die Stimmung war so gut, dass ich am Sonntag- und Montagmorgen erst um acht Uhr zu Hause war.

4. August

Natürlich sind das starke Beben, aber die Katla ist jedes Jahr um diese Zeit unruhig und bricht sicher irgendwann aus. Es ist auch bekannt, dass es in der Bárðarbunga sehr bald wieder einen Ausbruch geben wird. Dieses oder nächstes Jahr, sagt Ármann Höskuldsson, der Vulkanologe. Ich versuche, mich auf dem Laufenden zu halten und schnell zu reagieren, wenn es so weit ist, aber man kann unmöglich in dieser Gegend wohnen, wenn man ständig Angst vor Vulkanausbrüchen hat. Wobei ich nichts dagegen hätte, wenn die Luftlinie zwischen der Katla und meinem Hof etwas mehr als fünfundzwanzig Kilometer betragen würde!

12. August.
Ausflug zum Gebirgspass Vonarskarð

Am Dienstag musste ich mit dem Vorstand des Vatnajökull-Nationalparks und einigen Rangern auf eine Exkursion zum Vonarskarð. Natürlich war mir der Termin bekannt, aber der Zeitpunkt ist fatal, ich kann so was nicht lange im Voraus planen, wenn Heuernte ist ... auf dem Hof steht alles Kopf, aber ich konnte mich nicht rausreden, weil mein Stellvertreter in der Tourismusbranche arbeitet und unabkömmlich war.

Ich bin, wie gesagt, Vorsitzende des Regionalrats West des Vatnajökull-Nationalparks. Der Park liegt mir sehr am Herzen, und ich war natürlich dafür, dass er vergrößert wird. Nationalparks haben hier in der Gegend bei den Gemeinderäten und Landbesitzern einen schweren Stand. In unserem Gemeinderat war es zum Beispiel sehr schwierig, die Genehmigung für die Vergrößerung durchzuboxen, obwohl die minimal war ... letztendlich ging es nur mit dem Kompromiss, dass die Kraftwerkvorhaben im Raumordnungsplan verbleiben würden, darunter auch das Kraftwerk auf meiner eigenen Wiese, das Búland-Kraftwerk.

Am Sonntag habe ich die restlichen Wiesen auf meinem Land geschwadet ... dreißig Hektar ... jawohl, das ist ziemlich viel für einen Tag.

Am Montag brachten Fanney und Siggeir mit meinem alten

Lux und dem Anhänger das Wellblech und die Dachpappe für den Schafstall Rimma. Da war ich gerade in Hvammur am Schwaden. Das Wellblech wiegt eine Tonne und muss mit dem Traktor vom Anhänger gehoben werden ... ich konnte erst mit Fanneys Auto losfahren, nachdem ich das Wellblech vom Hänger geladen hatte. Fanney holte mit dem Hänger dann noch mehr Material, während Siggeir mit seiner Benzinsense rund ums Wohnhaus mähte – er ist unser spezieller Rasen-Sensenmann. Anschließend fuhren die beiden nach Hólaskjól und arbeiteten dort weiter.

Fanney hat einen Sommerjob beim Angelverein, der das Hochlandcenter in Hólaskjól betreibt. Sie ist Gepäckfahrerin und Hüttenwartin und streicht und werkelt und keine Ahnung, was noch alles. Sie brachte den Anhänger mit dem Material mit meinem alten Lux nach Hólaskjól, während ich mich mit ihrem alten Roten zu der Vonarskarð-Tour aufmachte. Ein guter Tausch.

Am Abend fuhr ich also zusammen mit Fífill in Fanneys Toyota Hilux los, der den Vorteil hat, mit einer geschlossenen Pritsche ausgestattet zu sein.

Um drei Uhr nachts kamen wir im Nýidalur an. Fífill war sehr aufgeregt, und ich wollte sichergehen, dass er die Polster im Wagen nicht anfrisst, wenn ich ihn allein lasse. Ich darf ihn nicht mit in die Hütte nehmen ... deshalb schliefen Fífill und ich im Auto.

Bevor wir ins Bett gingen, machten wir noch einen Abstecher zur Toilette. Fífill war an der Leine ... da tauchte urplötzlich ein Tourist in der Dunkelheit auf. Fífill rastete bei dieser unerwarteten Begegnung total aus und fing laut an zu bellen, um sein Frauchen zu beschützen. Der Tourist bekam solche Angst, dass er sich mit ausgestreckten Armen und Beinen an die Klowand presste, als hätte man ihn gekreuzigt. Es brachte nichts, ihm zu versichern, das Tier sei total harmlos, denn es gelang mir nicht, meinen Riesenhund zum Schweigen bringen. Ich wollte ihm das Maul zuhalten, aber auch das funktionierte nicht … er bellte einfach durch die Lefzen weiter.

Um sieben Uhr morgens war Wecken, und um halb neun brachen wir auf. Die Gegend dort ist absolut einmalig, die Aussicht auf den Gletscher, die Liparitberge. Ein grünes Tal in der Wüste, das Snapadalur, ein Solfatarenfeld in tausendsechzig Metern über dem Meer, üppige Vegetation auf einem kleinen Gebiet, alle möglichen Arten … einmalig.

Es war sehr warm und hell, mit fantastischer Sicht in alle Richtungen … es ist wirklich unbeschreiblich, wenn man den Hofsjökull sehen kann, das Nýidalur, die Rückseite des Þvermóður, des »Querkopfs«. Der Name des Bergs stammt daher, dass er quer zu der übrigen Gebirgskette steht. Ich mag den Þvermóður sehr und fühle mich irgendwie mit ihm verbunden.

Dort oben gibt es schreckliche Bausünden, Mahnmale an die alten Zeiten in Island. Gigantische Dämme, die um 1970 vom staatlichen Energieversorger Landsvirkjun errichtet wurden, einfach so, um Wasser aus den Quellen des Skjálfandafljót, der nach Norden fließt, Richtung Süden umzulenken, also ein paar Nebenarme abzuzweigen, damit eine größere Wassermenge nach Süden fließt. Doch nach der ersten Schneeschmelze flossen sie einfach wieder durch ihr gewohntes Flussbett und tun es auch weiterhin. Die Dämme sind so groß, zum Teil vier bis fünf Meter, dass man sie auf Google Earth sehen kann. So was machte man damals einfach, ohne irgendwelche Genehmigungen einzuholen. Kein Umweltgutachten, nichts. Unglaublich rücksichtslos. Das sollte eigentlich der Vergangenheit angehören … ein derart selbstherrliches Vorgehen gegen die Natur dürfte es nicht mehr geben.

Im Þjórsá-Gebiet ist inzwischen ja alles mehr oder weniger menschengemacht – dort wurde das Wasser aus allen erreichbaren Flüssen und Bächen gesammelt. Es gibt diverse Bewässerungsgräben und Kraftwerkanlagen und überall Straßen, aber mitten im Hochland solche gigantischen Dämme zu sehen, damit rechnet man einfach nicht.

So lief das früher auch im Straßenbau. Schau mal, wäre das nicht ein guter Hügel für eine Straße? Dann fuhr der Bulldozer drüber ... oder nein, der ist doch nicht so gut ... nehmen wir lieber den da hinten. Diese grauenhaften Bulldozer-Spuren findet man noch immer vielerorts in der Landschaft, aber wenigstens führen sich die Männer auf ihren Maschinen heute nicht mehr ganz so rücksichtslos auf.

Die komplette Vonarskarð-Wanderung betrug etwa fünfundzwanzig Kilometer, und Fífill war total fertig. Er hätte fast aufgegeben, hielt aber durch. Der Untergrund ist steinig, sodass seine Pfoten wund wurden, ich habe sie aber immer wieder kontrolliert, und die Haut ist zum Glück nicht aufgeplatzt. Er war so erschöpft, dass er den ganzen nächsten Tag auf dem Trecker geschlafen hat ... er wollte gar nicht mehr runter ... wie ein alter Hund.

Ich bin die gesamte Strecke wie üblich in Gummischuhen und Wollsocken gelaufen, was meine Mitreisenden in ihren Wanderschuhen in Erstaunen versetzte.

Am Abend fuhren Fífill und ich dann zurück und waren gegen drei Uhr nachts zu Hause. Die Rückfahrt war abenteuerlich, ich traf einen Reiseleiter mit einer Gruppe Franzosen, bei denen am Gepäckanhänger ein Rad geplatzt war. Deshalb brachte ich ihnen ihre Sachen nach Hrauneyjar, wodurch ich eine Stunde länger brauchte. Was ein Glück, dass ich den geschlossenen Hilux hatte.

Der Ausflug zum Vonarskarð hat großen Spaß gemacht ... mit

toller Gesellschaft, wie immer, wenn Leute dabei sind, die im Naturbereich arbeiten, Ranger und so weiter. Echt super, mit einer solchen Truppe unterwegs sein zu dürfen.

17. August

Siggeir und ich sind oben beim Lämmerstall und üben uns in alten Bautechniken … wir reparieren den Stall. Die Schichtbauweise ist eine große Kunst, und Siggeir beherrscht sie perfekt. Wir haben gestern Mittag angefangen, arbeiten heute weiter und sind hoffentlich morgen fertig. Die Wände waren instabil geworden und wären fast eingestürzt. Wir haben dieselben Steine wiederverwendet und noch welche von den Grundmauern des alten Hofgebäudes zum Auffüllen dazugeholt. Heutzutage kann man für viele Dinge die Technologie nutzen, in dem Fall etwa den Torf mit dem Traktor ausstechen und transportieren. Es wird richtig schön. Die Arbeit muss unbedingt erledigt werden, bevor der Herbst kommt, und ich bin froh, wenn der Lämmerstall fertig ist. Wir haben prima Wetter, zwölf Grad und ein paar Regenschauer. Bei der Schufterei mit dem Torf und den Steinen sind wir froh, dass es nicht zu warm ist.

Im Vergleich zu Siggeir habe ich zwei linke Hände und bin viel zu hektisch. Er nennt mich immer einen »schrecklichen Tollpatsch«, wenn ich mal wieder etwas kaputt gemacht habe, das er dann reparieren muss … ein Brett zerbrochen oder eine Schraube ruiniert. Einmal hatte ich das Bremsventil des nagelneuen Kippladers demoliert, und Siggeir meinte, ich sei ein schrecklicher Tollpatsch. Mein Nachbar Ingi von Snæbýli war auch dabei und ergänzte sofort: »Ich weiß … was sie nicht zertrampelt, schleudert sie einfach weg.«

Ich bin sehr aufbrausend, und es ist meine größte Herausforderung, mich zu beherrschen … was mal mehr, mal weniger gut klappt. Wenn es sehr hektisch ist und ich an mehreren Orten gleichzeitig sein muss oder mit einer Aufgabe nicht klarkomme, reißt mir der Geduldsfaden. Bei einem solchen Anfall schnappe ich mir den nächstbesten Gegenstand und schleudere ihn in die Walachei … Besen, Hammer … und muss natürlich alles wieder einsammeln, wenn meine Wut abgeflaut ist.

Bei der Arbeit bin ich ungeduldig … wenn etwas nicht funktioniert, raste ich aus. Dann sind alle Idioten, außer mir!

Fanney und María haben mir zu Weihnachten ein sehr gutes Fernglas geschenkt, perfekt für den Schafabtrieb. Aus gegebenem Anlass fragten sie den Verkäufer, ob das Fernglas es aushalten würde, in die Luft geschleudert zu werden. Der arme Mann muss ziemlich verdutzt dreingeschaut haben.

Aber meine Hunde und meine Tiere bekommen das nie zu spüren. Meine Wutanfälle beschränken sich auf tote Gegenstände. Als Beweis kann ich anführen, dass wir eine Zeit lang eine französische Bulldogge hatten, die den ganzen Tag kläffte. Ich drohte dem Hund mehrmals am Tag, ihn zu erschlagen, wenn er nicht still wäre. Aber dazu kam es nie … und der Köter hielt auch nie die Schnauze.

Heiða auf dem zweiten Listenplatz der Links-Grünen im Wahlkreis Süd

Jetzt ist es klar. Ich werde bei den nächsten Parlaments-wahlen den zweiten Listenplatz für die Links-Grünen im Wahl-kreis Süd einnehmen. Ari Trausti ist auf dem ersten Platz. Ganz schön spannend ... und natürlich eine wichtige Sache, das ist mir vollkommen bewusst. Ich empfinde es als Bestätigung, dass man mir die Kandidatur angeboten hat, und als Ehre. Ein sol-ches Angebot, das einen womöglich in eine einflussreiche Posi-tion bringt, kann man nicht ablehnen ... schließlich geht es um Themen, die mir wirklich wichtig sind: Naturschutz, Landwirt-schaft, Gleichberechtigung aller Art, von Frauen, Menschen unterschiedlicher Herkunft, unterschiedlichen Glaubens.

Für mich persönlich geht es auch darum, dass ich nicht ster-ben möchte, ohne gelebt zu haben ... dass ich meine Meinung äußern und meine Chancen nutzen will. Es ist eine Chance, das Leben zu leben, vielleicht auch ein Zeichen meiner Rastlosig-keit – Sehnsucht nach irgendetwas ... weiterzumachen, mehr zu wollen, immer weiter, ins Blaue hinein.

Ich weiß nicht, ob es unbedingt Ehrgeiz ist. Dieses Wort ist mir zu fremd, als dass ich es benutzen wollte. Es geht mir eher darum, Dinge voranzutreiben, die mir am Herzen liegen ... ich bin stinksauer darüber, wie bei solchen Kraftwerkprojekten mit den Leuten umgegangen wird. Diese Methoden müssen ein Ende haben ... dass man die Menschen hier in Island derart schikaniert. Darauf möchte ich Einfluss nehmen, und auf diese Art der Machtausübung und Nötigung will ich aufmerksam machen.

Außerdem motiviert mich meine besondere Abneigung gegen die Haltung der Leute, die einfach nur am Küchentisch sitzen und alles und jeden kritisieren und immer alles besser wissen, aber nicht bereit sind, an die Öffentlichkeit zu gehen und Einfluss auszuüben. Ich will nicht am Küchentisch sitzen.

Uns allen, die wir diese Kandidatur unterstützen, ist bewusst, dass das hier eine schwierige Gegend ist, ein sehr starker Wahlkreis für die Unabhängigkeitspartei und die Fortschrittspartei. Aber warten wir mal ab, wie's ausgeht.

Die Chancen, dass ich wirklich ins Parlament komme, sind gering. Andererseits muss man sich mental darauf einstellen, dass es passieren könnte. Dann müsste ich eine Vollzeitkraft einstellen, die sich um den Hof kümmert und Mama Gesellschaft leistet. Aber ich würde den Betrieb natürlich nicht komplett aus der Hand geben … ich würde an allen freien Tagen und Wochenenden nach Hause fahren. Ich würde den Hof weiter leiten, aber jemand müsste die tägliche Aufsicht übernehmen. Der Hof ist nicht so weit von Reykjavík entfernt, als dass dies ein unlösbares Problem wäre. Man kann schnell mal am Wochenende gen Osten zu fahren. Es gibt ja immer lange Parlamentspausen … und die Ausschussarbeit kann man sowieso am Computer erledigen. Das würde schon alles irgendwie gehen. Falls es klappt, wäre es ja auch nur für vier Jahre. Es wäre in vielerlei Hinsicht gut, mal rauszukommen, den Horizont zu erweitern und Abstand zu gewinnen. Hier zu Hause hätte man auch weiterhin Ruhe vor den tagtäglichen Querelen, weil der Hof abgelegen ist und es im Wohnhaus und in den Außengebäuden noch nicht einmal Handyempfang gibt.

Doch die ganze Ungestörtheit hier in Ljótarstaðir hängt davon ab, dass wir das Land nicht verlieren, dass ich es vor den Auswirkungen des Búland-Kraftwerks schützen kann. Bei massiven Bautätigkeiten hinter dem nächsten Hügel wäre die Ruhe dahin. Die geplanten Anlagen sind sehr weitläufig, überall Gräben und Dämme, kreuz und quer durch die ganze Region, bis hinauf nach Hólaskjól. Aber bitte mich bloß nicht, dir Karten davon zu zeigen – ich kann mir diese Schande nicht ansehen.

Es ist so wichtig, auf das Thema aufmerksam zu machen, auf die Dreistigkeit der Leute, die diese Pläne umsetzen wollen. Sie glauben, sie könnten jeglichen Widerstand im Keim ersticken, indem sie einfach mehr Geld bieten. Der Bauer oder der Landbesitzer wird am Ende schon zustimmen, denken sie. Diese Wichtigtuer gehen davon aus, dass sie einen früher oder später rumkriegen werden, so wie sie es auch bei mir versucht haben. Ich möchte anderen, die sich in derselben Situation befinden, zeigen, dass sie nicht nachgeben müssen. Man kann sich auch politisch engagieren. Man muss nicht klein beigeben. Man hat seine Existenzberechtigung … muss sich nicht beugen, auch dann nicht, wenn die Wichtigtuer mehr Geld haben.

Mein Land ist eine andere Form von Reichtum, hat ein anderes Potenzial als Geld … dieses Land, das heute mir gehört, über das ich verfügen darf … jetzt. Das ist ein gigantischer Reichtum. Ich muss ihn nicht aufgeben, nur weil irgendwelche Sprücheklopfer aus Reykjavík mit Geldscheinen winken.

Über die Parlamentsarbeit habe ich dummerweise mal den folgenden Vers gedichtet:

> Verwunderlich dass überhaupt jemand mag
> im Parlament sitzen heutzutag
> zu zetern und wettern
> die Welt möchte man retten
> dabei weiß man, wie's sich mit Jesus begab.

Wenn ich nicht gewählt werde, ist das auch in Ordnung. Aber ich kandidiere, somit habe ich es wenigstens versucht. Mich treibt der Gedanke an, etwas zu bewegen. Die meisten Abgeordneten geben schließlich ihr Bestes, sitzen jedenfalls nicht einfach nur auf ihrem Hintern ... da ist es unfair, zu Hause zu hocken und alles besser zu wissen, anstatt zu versuchen, es besser zu machen. Ich habe die Abgeordneten und die Regierung oft kritisiert. Jetzt habe ich die Möglichkeit, es selbst zu versuchen. Für jemanden, der nur am Küchentisch sitzt, wäre es typisch, diese Chance zu verspielen.

* * *

Die Links-Grünen könnten im Südland wegen der Kraftwerkprojekte gute Aussichten haben. Und ich habe ja inzwischen viel Erfahrung in der Gemeindepolitik, die Vorstandsarbeit für den Vatnajökull-Nationalpark hilft mir auch ... ich musste immer gut argumentieren für meine Ziele.
Weil ich sonst körperlich arbeite, wäre es eine große Herausforderung, etwas ganz anderes zu machen, Parlamentsarbeit. Wenn ich wirklich gewählt werde, bin ich bestimmt froh, nach vier Jahren wieder zu der guten alten Schufterei zurückkehren zu können.

21. August

Das Ende der Heuernte kommt allmählich in Sicht. Bei mir sind wir fertig, aber in Hvammur noch nicht. In den letzten Tagen war das Wetter ungünstig, um das letzte Heu einzufahren, aber es kann ruhig noch etwas liegen bleiben, bevor es anfängt auszubleichen. Jetzt im Spätsommer, wo es kälter ist, dauert es länger, bis das Heu ausbleicht. Gestern waren dreiundvierzig Hektar gemäht. Zum Glück regnet es nicht. Das ist natürlich wahnsinniger Stress. Vor ein paar Jahren habe ich noch am Rad gedreht, wenn so viel zu tun war, aber ich bin viel gelassener geworden.

In meiner Gegend sagt man, das Heu bleicht aus, nicht es vergilbt, wie andernorts. Wenn das Heu ausbleicht oder vergilbt, reden wir von »Bleiche einfahren« und später von »Bleiche füttern«.

Selbst wenn ein Teil des Heus ausbleicht, kann man es noch gebrauchen. Man versucht dann, das Heu gut zu trocknen. Die Tiere fressen es trotzdem, aber die Qualität ist schlechter.

Je schneller das Heu auf dem Feld trocknet, desto besser. Jede Stunde, die es liegt, verliert es an Nährstoffen. Aber das Wetter muss schon sehr trocken sein, wenn das Heu kürzer als zwei Tage liegen soll. Am trockensten ist es Ende Juni, da sind die Tage am längsten. Je weiter der Sommer voranschreitet, desto kürzer sind die Trockenperioden.

Die Rundballen sind jetzt alle aufgestapelt. Es ist sehr wichtig, das Heu schnell zum Hof zu bringen. Die Rundballen sind teuer, und man darf sie nicht verderben, indem man sie draußen auf der Wiese liegen lässt. Außerdem macht es die Wiesen kaputt, wenn die Ballen darauf liegen.

Jeder Rundballen hat einen Selbstkostenpreis von fünf- bis sechstausend Kronen und wird für ungefähr achttausend Kronen verkauft, oder für mehr, wenn bei Reittouren Wucher getrieben wird, dann sind es vielleicht zehn- bis zwölftausend.

25. August

Jetzt kommen schon viele Schafe in die besiedelten Gebiete. Sie wollen auf die Hauswiesen, sobald das Gras welk wird. Pünktlich jedes Jahr kommt ein Teil von ihnen nach Hause, bevor wir auf den Hochlandweiden abtreiben. Dann muss man sie auf die eingezäunten Weiden lassen oder auf die Hauswiese, sowohl wegen der Mutterschafe als auch wegen der Lämmer, denn die Weidegebiete außerhalb des Zauns sind schnell abgefressen, und dann verlieren die Tiere an Gewicht. Am Wochenende treibe ich die Schafe auf der eingezäunten Weide zusammen und trenne die Lämmer von den Müttern, bevor ich mich zum Schafabtrieb aufmache.

Es dürfte schwierig werden, das Dach von Rimma zu erneuern. Der Wetterbericht ist nicht besonders gut, aber wir müssen loslegen. Es darf nicht regnen, weil die Isolierung ungeschützt ist, während wir die Dachplatten austauschen, und es darf auch nicht stürmen ... dann fliegt uns alles um die Ohren.

Hier oben regnet es viel, was sämtliche Außenarbeiten erschwert. Da bleibt einem nichts anderes übrig, als den Overall anzuziehen und die Dinge in Angriff zu nehmen, die man auch bei Regen erledigen kann.

29. August

Ich habe letzte Nacht nichts von den Erdstößen in der Katla gemerkt … die stärksten seit Beginn der Messungen. Ich habe ein bisschen Schiss, aber es bringt nichts, zu viel darüber nachzugrübeln, dann denkt man an nichts anderes mehr. Die Schafe laufen noch überall herum, so gesehen wäre jetzt eine schlechte Zeit für einen Vulkanausbruch. Da wäre es besser, sie stünden schon am Hof.

Beim Ausbruch der Grímsvötn habe ich zum ersten Mal Ascheregen erlebt, so etwas glaubt man erst, wenn man es mit eigenen Augen gesehen hat … dieses Erlebnis hat mich ein wenig demütiger gegenüber Vulkanausbrüchen und Ascheregen gemacht.

30. August

Jetzt bin ich froh und glücklich, das Dach vom Schafstall ist geschafft! Siggeir und ich waren an den ersten beiden
Tagen allein. Das Wetter war perfekt ... völlig windstill. Sonst
hätten wir nicht zu zweit mit diesen großen Wellblechteilen
herumhantieren können, bei Sturm ist das unmöglich. Es war
so schön und trocken, dass wir abends sogar die Dachpappe-
rollen auf dem Dach liegen lassen konnten, wo sie wie feine
Damen auf den nächsten Morgen warteten.
Am letzten Tag kamen Hjalti und Adda von Herjólfsstaðir, um
uns zu helfen. Adda hatte Fífills Schwester Rökkva dabei, und
die beiden tobten den ganzen Tag herum und spielten. Fífill
war ziemlich frech. Er schnappte sich die Schnur, mit der wir
markieren, wo das Dach festgenagelt werden soll, und zerlegte
sie. Dann stibitzte er das Farbpuder, das auf die Markierschnur
gestreut wird, nagte ein Loch in die Tube und hatte ganz rote
Beine.
Der gute Siggeir ist immer die Ruhe selbst. Er meinte nur, das
macht nichts, er hätte noch eine Farbtube dabei. Ich hatte noch
Markierschnur, sodass am Ende doch noch alles klappte. Aber
es ist wie immer, hier auf dem Hof kriegt man nie etwas auf
die Reihe, weil ständig ein Tier im Weg ist ... ein Hund ... eine
Katze ... ein Ziegenbock.
Jetzt steht ein Treffen vom Weideflächenausschuss an ... die
letzten Vorbereitungen für den Schafabtrieb: Wer macht mit,
wer braucht noch Leute. Es muss jemand für die Verpflegung
bestimmt werden, ein Bergkönig, ein Schafsortierleiter. Bevor

es am 4. September losgeht, muss ich noch einen Shoppingtag in Reykjavík und Selfoss einlegen. Ich brauche Ölfilter für das Quad, Motoröl, Gummischuhe, Alkohol für die Leute, die auf dem Hof mithelfen ...

Die Bewohner von Ljótarstaðir

Meine Mutter Helga stammt aus Reykjavík und hat familiäre Wurzeln in Öræfi in Südost-Island. Ihr Großvater war Bjarni von Vogur, Dichter, Abgeordneter im Althing, Griechisch- und Lateinlehrer. Ihr Vater war Bjarni Bjarnason, Advokat beim Stadtvogt. Das Elternhaus meiner Mutter ist eines der großen, schönen Häuser in der Altstadt, Túngata Nr. 16. Heute wohnt dort Haraldur Örn, der Sohn ihres Onkels Jón.

Meine Mutter, das Stadtkind, war immer begeistert vom Landleben und verbrachte viel Zeit in Nordisland auf dem Hof Hvarf im Bárðardalur. In ihrem dritten Schuljahr auf dem Gymnasium arbeitete sie in den Sommerferien als Hilfskraft in Ljótarstaðir. Schon bald heiratete sie Sverrir, den Sohn der Familie, der mit seinen Eltern auf dem Hof lebte. Sie bekamen meine Schwester Stella, und ein gutes Jahr später kam Ásta. Trotzdem machte Mama das Abitur, was sie ihrem Lehrer Einar Magnússon zu verdanken hat, der später Schulrektor wurde. Er traf sie zufällig in Reykjavík, als sie das Abitur schon an den Nagel gehängt hatte, und ermutigte sie, es nachzuholen.

Mama und Sverrir bekamen noch eine dritte Tochter, Arndís.

1967, mit gerade mal dreißig, kam Sverrir bei einem Lawinenunglück an den Hängen westlich des Hofs ums Leben, als er bei Unwetter Schafe suchte. Mama trauerte sehr um Sverrir und verklärt ihn in ihrer Erinnerung zu einem Heiligen.

Sie war entschlossen, den Hof weiterzuführen, obwohl die Mädchen noch so klein waren und das Land nicht viel hergibt.

Mein Vater Ásgeir, Sverrirs Bruder, fuhr nicht weiter zur See, sondern zog wieder nach Hause, um den Betrieb zusammen mit der Witwe seines Bruders aufrechtzuerhalten. 1971 bekamen meine Eltern Fanney, und ich bin die Jüngste, 1978 geboren.

Meinen zweiten Vornamen Guðný habe ich, weil Papa mich nach einer seiner Lieblingstanten benennen wollte, und da Mama ein Name nicht reichte, durfte sie den anderen auswählen. Die großen Mädchen – so nennen Fanney und ich unsere älteren Schwestern, sie nennen uns im Gegenzug die kleinen Mädchen – mischten sich ein und brachten Mama auf eine Idee. Damals war die Zeit der Heidi-Bücher. Fanney besaß ein schönes, großes Bilderbuch über Heidi, das Mädchen aus den Schweizer Alpen, und ihren Großvater. Die großen Mädchen wollten mich nach ihr benennen, und Mama fand das passend … schließlich ist unser Hof auch ein Bergbauernhof. Also wurde ich Heiða Guðný getauft. Papa war einer der wenigen, die mich immer beim vollen Namen nannten. Alle anderen sagen immer nur Heiða.

Die Familie meines Vaters stammt aus dem Bezirk Skaftafell, und Papa und seine Geschwister wuchsen in Álftaver auf. Mein Onkel Sverrir konnte gut reimen und dichtete eine Ode an das Skaftártunga-Gebiet, die von den Einwohnern oft als Heimatgedicht bezeichnet wird und so beginnt: »Skaftártunga, hell und schön.«

Die Brüder Sverrir und Ásgeir waren sowohl äußerlich als auch charakterlich sehr unterschiedlich, konnten aber beide gut mit Sprache umgehen. Papa war berühmt für seinen Witz und seine treffenden Redewendungen. Eine gern benutzte Personenbeschreibung von ihm lautete: »Ein Jammerlappen in jeglichen Belangen.«

Papa alberte gern mit den Kindern herum, die ihn sehr mochten, zum Beispiel Linda und Ella von Úthlíð. Er interessierte sich für seine Mitmenschen und deren Lebensumstände. Für seine Freunde hatte er stets ein offenes Ohr.

Dennoch ist meine Familie väterlicherseits kaltherzig. Ich habe auch meine Schwächen, das weiß ich durchaus, aber ich versuche, sie in den Griff zu kriegen. Es fällt mir zum Beispiel schwer, nachzugeben, wenn ich mich in etwas verrannt habe.

Typisch für Papa war, dass er sehr klare Prinzipien hatte, auf die er bestand. An drei Dingen führte kein Weg vorbei, als wir klein waren. Wir mussten immer frühstücken, und er wurde richtig sauer, wenn wir nicht wollten.

Außerdem mussten wir fast immer Mützen tragen, Gummistiefel durften wir hingegen nur anziehen, wenn es wirklich nötig war. Wenn wir bei schönem Wetter in Gummistiefeln aufs Feld kamen, zog er sie uns aus und schleuderte sie ins Gebüsch.

Das bewirkte bei mir, dass ich bis heute immer frühstücke und meistens eine Kopfbedeckung trage. Ich trage zwar Gummi an den Füßen, aber keine Stiefel, sondern Gummischuhe.

Ob das an Papas drei Geboten liegt, weiß ich nicht, aber Mama frühstückt nicht, setzt fast nie eine Mütze auf und trägt gern Gummistiefel.

Sie ist eine Frohnatur, sehr ausgeglichen und lacht gern. Gute Eigenschaften, die wir Schwestern von ihr geerbt haben.

* * *

Hier auf dem Hof war es üblich, allen möglichen Dingen, Personen und Tieren Spitznamen zu geben. Stella hatte, als sie klein war, einen Kater namens Kesselbrand Bischofspflegesohn. Ihr Vater hatte ihn so getauft ... in dieser Hinsicht müssen sich die Brüder ziemlich ähnlich gewesen sein.

Papas Wortspielereien waren unerschöpflich. Ein leichter Hammer mit Holzgriff, der mir gehörte, hieß während seines gesamten Hammerlebens Guðmundur Bischof von Hólar. Zwei hübsche Flaschenlämmer hießen Strohhut und Dicke Tobba. Allseits bekannte Charaktere waren beispielsweise der Riesentrödler, womit meistens Papa selbst gemeint war, Studiosus und Hermundur Dachbodenpinkler. Kopftuch und Engelrat waren Puppennamen. Meine Freundin Linda und ich wurden manchmal »werte Pestsäcke« genannt. Er siezte andere auch gern zur besonderen Betonung.

Wir spielten das Spiel natürlich mit, tauften alles und jeden, gaben Papa die unmöglichsten Namen und sangen ihm Quatschtexte vor. Es wurde viel herumgealbert.

Mama ist, genau wie meine Schwestern, ein humorvoller Mensch, der gern lacht. Sie liebt die isländische Sprache und hat sich immer bemüht, uns Schwestern korrekte Rechtschreibung und Aussprache beizubringen. Kurz nachdem Mama nach Ljótarstaðir gezogen war, gab sie hier fünf Winter lang Hausunterricht, was ihr gut lag. Wir Schwestern lernten alle eine Zeit lang bei ihr, besonders Fanney.

Mama hatte eine bessere Schulbildung, als es auf dem Land üblich war, und brachte Bücher und Lesebegeisterung mit. Uns Schwestern las sie oft vor. Die Lust am Lesen und den großen Respekt vor Büchern haben wir von ihr. Meine allerschönsten Stunden sind Winterabende mit einem guten Buch.

* * *

2006 kam Papa ins Pflegeheim in Kirkjubæjarklaustur, weil der Krebs plötzlich wucherte und seinen gesamten Körper befiel. Dazu bekam er noch eine Lungenentzündung, und Fanney und ich waren bei ihm, als es ihm besonders schlecht ging.

Er konnte nachts nicht schlafen und redete wirr. In seinem Wahn trieb er unermüdlich Schafe zusammen, und Fanney und ich liefen abwechselnd mit ihm über Stock und Stein. Diejenige von uns, die gerade nicht Schafe zusammentrieb, versuchte unterdessen auf einer Matratze in der Ecke zu schlafen.

Einmal, mitten in der Nacht, hatte er das Gefühl, es würde nicht vorangehen, und er sagte aufgeregt zu mir: »So geht das nicht! Du musst hopp rufen, Heiða Guðný. Ruf hopp! Ruf hopp!«

Fanney war in ihrer Ecke gespannt wie ein Flitzebogen – wie würde ich wohl darauf reagieren? Schließlich kann man nicht mitten in der Nacht das ganze Pflegeheim mit Hopp-Hopp-Rufen zusammenbrüllen. Deshalb sagte ich zu ihm: »Wir müssen gar nicht so viel Lärm machen, Papa. Die Schafe laufen schon durchs Tor.«

Das genügte fürs Erste. Es hätte überhaupt nichts gebracht, »pst!« zu sagen, das wäre, wie wenn man den Nordwind zur Ruhe ermahnt.

Obwohl Papa sehr verwirrt war, verwechselte er Fanney und mich nie. Meine Schwester fragte er: »Wo ist Heiða Guðný?« »Sie blockiert den Weg«, antwortete Fanney.

Mich fragte er: »Warum kommt Fanney nicht?« Ich musste mir etwas ausdenken und sagte: »Du hast sie doch gerade flussaufwärts geschickt.«

Bei Papas umfangreicher Schafsuche geschah allerlei Unlogisches. Zum Beispiel: »Gib mir mehr Kaffee, Oddbjörg.« Da war offenbar seine Schwester mit der Kaffeekanne eingetroffen … einfach so … mitten im Schafabtrieb.

So ist es im Altenheim häufig bei alten Bauern, sie arbeiten weiter auf ihrem Hof. Einer schob immer Stühle hin und her, er trieb die Kühe in den Stall oder auf die Weide.

Als Papa sich von der Lungenentzündung erholt hatte, fragte ich ihn, ob er nach Hause wolle. Er wollte, und Mama und ich pflegten ihn die letzten zwei Monate. Fanney kam mit María jedes Wochenende und über Weihnachten, um uns bei der Pflege zu helfen, und meine Schwester Ásta war auch oft da.

Die Krankenschwester kam einmal in der Woche, zudem unterstützte uns der Arzt sehr und schaute auch ungefragt vorbei. Weitere fachliche Unterstützung hatten wir nicht. Papa war sehr tapfer. Natürlich hatte er auch Angst, er wusste ja, was auf ihn zukam.

Ich musste mir verschiedene Pflegetechniken aneignen, und erschwerend kam hinzu, dass Papa groß und schwer war. Wenn ich ihn morgens anziehen sollte, wusste ich mir nicht anders zu behelfen, als ihn in eine sitzende Position zu hieven. Bei dem Ruck schnaufte er immer, und eines Tages sagte er: »Ach, Heiða Guðný, ich mach mir immer Sorgen, dass du meinen Ellbogen vom Festland abreißt.«

Papa ist auf dem Friedhof in Gröf in Skaftártunga begraben. Dort ruht er neben seinen Eltern, seinem Bruder und meiner Schwester Arndís.

Mein alter Lux, der weiße Toyota Pick-up, ist ein Geschenk von Papa. Ansonsten hat er mir nie etwas geschenkt. Aber der Lux hat viel geleistet, Jahrgang 2000 und dreihundertachtzigtausend Kilometer auf dem Buckel.

* * *

Meine Eltern hielten immer ihre Rollen aufrecht, Papa die des Verwalters und Mama die der Witwe, die den Betrieb besaß. Sie betrachteten sich nicht als Paar, obwohl sie selbstverständlich zusammenlebten. Das Wort Familie wurde nie benutzt. Mama bestand hartnäckig darauf, dass wir die Bewohner von Ljótarstaðir waren, nie die Familie von Ljótarstaðir. Meine Eltern hielten ihren gesamten Besitz und ihre Finanzen getrennt und machten daraus kein Geheimnis. Diese Trennungspolitik ging so weit, dass Gäste entweder bei Papa oder bei Mama zu Besuch waren.

Das galt natürlich als seltsam, was ich häufig zu spüren bekam. Warum sie sich so verhielten, weiß ich nicht, und es ist nicht an mir, etwas dazu zu sagen. Jedenfalls hätte wohl auch ein anderer Papas Rolle übernehmen können. Sie hätten beide andere Möglichkeiten gehabt ... diese gut aussehenden Leute ... Papa war attraktiv und Mama sehr hübsch.

Ich glaube, meine Eltern hatten anfangs schöne Jahre hier auf dem Hof. Meine Schwestern erinnern sich an gute Zeiten, doch dann fielen Schatten auf die Übereinkunft unserer Eltern, und es kamen Phasen, in denen sie nicht miteinander sprachen. Papa war so schwermütig, dass er auch mit uns Mädchen tagelang nicht redete. Das hatte natürlich seelische Ursachen und war kein böser Wille ... das erkenne ich heute.

Wegen der Sprachlosigkeit zwischen Papa und mir tötete ich zum ersten Mal ein Schaf. Jemand musste eingreifen, aber er antwortete mir nicht. Ich hatte ihn schon vorher gedrängt, mir das Schießen beizubringen, und machte es dann einfach. Ein Bauer muss Tiere töten können, aber es fiel mir immer schwer, und das ändert sich auch mit den Jahren nicht.

* * *

Meine drei ältesten Schwestern, Sverrirs Töchter, nannten Papa immer Ásgeir, und wenn sie über ihn sprachen, sagten sie »mein Stiefvater«.

Fanney und ich waren mehrere Jahre die einzigen Kinder auf dem Hof, nachdem Arndís gestorben war und Stella und Ásta ausgezogen waren. Das ging alles so schnell. Erst waren wir zu fünft. Dann waren die drei ältesten Schwestern plötzlich weg.

Stella und Ásta zogen ungefähr zur selben Zeit aus, und Arndís verunglückte und kam nicht mehr zurück nach Hause.

Es war geplant, dass Arndís den Hof übernehmen sollte. Ich glaube, Papa verlor auf gewisse Weise seinen Lebensmut, als sie starb. Natürlich war er ausgelaugt, er hatte den Betrieb samt drei kleinen Mädchen übernommen, aus denen dann fünf wurden. Jetzt stand er wieder ganz am Anfang mit einer Dreijährigen und einer Zehnjährigen.

Papa hat uns Schwestern nie gedrängt, auf die weiterführende Schule zu gehen, aber er wollte auch nicht, dass Fanney oder ich den Hof übernähmen. Im Grunde tat er sich immer schwer mit der isolierten Lage von Ljótarstaðir, der Dunkelheit. Und Arndís' Tod warf ihn meilenweit zurück … die Täler wurden tiefer und die Hochphasen seltener.

Wir Schwestern sind alle sehr gute Freundinnen, aber mein Verhältnis zu Fanney ist etwas ganz Besonderes, weil sie sich monatelang um mich kümmerte, als Mama bei Arndís in Reykjavík war, bis sie starb. Fanney fühlt sich wahrscheinlich immer noch für mich verantwortlich.

Als sie zu Hause auszog, um weiter zur Schule zu gehen, war ich das einzige Kind auf dem Hof, mit neun Jahren. Nur im Sommer war immer ein ganzer Haufen Kinder hier. Als meine Schwestern noch alle zu Hause wohnten, waren wir meistens zu zehnt. Wir spielten oft in der kleinen Schlucht und an dieser wunderschönen Stelle unten am Fluss, wo der Bach zufließt … mit strengen Auflagen, damit wir uns nicht in Gefahr brachten. Wir durften in der Talenge östlich des Hofs zelten, und die älteren Kinder schliefen fast den ganzen Sommer im Zelt. Die Erinnerungen an die hellen Sommer meiner Kindheit in Ljótarstaðir draußen in der Natur trage ich immer bei mir.

* * *

Nach Papas Tod schrieben wir Schwestern Nachrufe auf ihn. Fanney und ich verfassten einen gemeinsam:

Lieber Papa,
es fallen einem so viele Dinge ein, wenn man zurückblickt. Am besten erinnern wir uns daran, dass du uns bei allem, was du gerade machtest, immer mitnahmst. Als wir klein waren, wecktest du uns morgens, wartetest, bis wir gefrühstückt hatten, und führtest uns dann an der Hand oder zogst uns auf dem Schlitten zum Schafstall oben auf der Wiese.
Wir waren in dem festen Glauben, dass du das alles tatst, weil wir dir eine große Hilfe waren, hegen allerdings in jüngerer Zeit den Verdacht, dass wir dich manchmal vielleicht doch ein bisschen aufhielten. Es war dir immer besonders wichtig, dass alle bei den täglichen Arbeiten mithalfen und ihrem Alter und ihrer Entwicklung gemäß eine Aufgabe bekamen.
Wenn du mit deiner Mädchentruppe unterwegs warst, ging es meistens hoch her. Oft wurde sich mit Worten und Taten gemessen, wobei du nicht immer den Sieg davontrugst. Wir erinnern uns an Rangeleien um deine Mütze, aneinandergebundene Eimer, fliegende Heuballen und Wettrennen, bei denen sämtliche Tricks erlaubt waren. Du brachtest uns viele schöne Verse bei – von denen Mama einige nicht hören durfte – und originelle Geschichten »aus alten Zeiten«, und es machte großen Spaß, die Schneebrücken über dem Bach einzutreten.
Danke für all die gemeinsamen Jahre und deine Begleitung in guten wie in schlechten Zeiten. Wir werden in Zukunft noch viele schöne Stunden damit verbringen, uns deine Sprüche und die verschiedensten Figuren aus der Vergangenheit ins Gedächtnis zu rufen. Wir vermissen dich.

Fanney und Heiða Guðný

Arndís

Meine Schwester Arndís starb mit siebzehn Jahren. Im Juli 1981 stürzte sie beim Klettern in den Felsklippen am Inselberg Hjörleifshöfði ab. Nach dem Unfall lag sie ungefähr ein halbes Jahr in Reykjavík im Krankenhaus und starb Ende Januar 1982. Da war ich drei Jahre alt.

Es kam zu dem Unfall, weil Arndís, als sie mit ihren Kameraden auf den Berg gewandert war, ihren Schal auszog und runterwarf. Doch der Schal blieb auf halber Strecke hängen, und als sie wieder unten angelangt waren, kletterte Arndís noch einmal zu der Stelle hinauf. Als sie den Schal erreicht hatte, wollte sie anscheinend nicht umkehren und kletterte weiter nach oben.

Sie war fast oben angelangt, als ein Felsvorsprung abbrach, und meine Schwester stürzte den gesamten Berg vom obersten Vorsprung hinunter, viele viele Meter.

Danach war sie gelähmt und konnte nicht sprechen, schien Menschen aber wahrzunehmen. Ich glaube, es bestand nie Hoffnung, dass sie wieder gesund würde, nur dass sie länger leben würde, doch sie starb an einer Lungenentzündung, was in solchen Fällen häufig vorkommt.

Jetzt waren nur noch Papa, unser Hofarbeiter Árni und die damals zehnjährige Fanney zu Hause. Stella kam ab und zu vorbei, Ásta auch, aber sie waren beide schon weggezogen, als es passierte, Ásta auf den Hof Ásar in Skaftártunga und Stella nach Reykjavík.

Alle packten mit an, Papa war es gewohnt, allein zurechtzukommen, der junge Árni war zäh und Fanney ein sehr intelligentes und tüchtiges Kind. Papa brachte ihr bei, Milchreis und Schellfisch zu kochen … eine Einkaufsliste zusammenzustellen.

Mama wohnte bis zum Herbst bei ihrer Familie in Reykjavík, und Stella war auch fast die gesamte Zeit im Krankenhaus. Während dieser Monate hingen Fanney und ich regelrecht in der Luft. Man sprach nicht über die Situation, es hieß nur: Mama kommt nach Hause, sobald es Arndís besser geht.

Damals gab es noch keine psychologischen Beratungsstellen, an die sich Mama hätte wenden können, weder nach dem Verlust ihrer Tochter Arndís noch nach dem ihres Mannes Sverrir. Ich empfinde es als großen Fortschritt, dass man heute solche Unterstützung in Anspruch nehmen kann.

Nach dem Unfall fuhr ich einmal mit ins Krankenhaus, um Arndís zu besuchen. Dieser Besuch hat sich in mein Gehirn eingebrannt und gehört zu meinen schmerzlichsten Erinnerungen. Lange Zeit bekam ich fast Panikattacken, wenn ich ein Krankenhaus betreten musste, es reichte schon, den Geruch in die Nase zu bekommen.

Ansonsten fiel es mir im Vergleich zu den anderen leicht, den Schock zu verarbeiten. In diesem Alter sind Kinder sehr mit sich selbst beschäftigt, sie können gar nicht anders. Was die anderen durchgemacht haben, mag ich mir überhaupt nicht ausmalen.

* * *

Arndís war immer wahnsinnig nett und spielte viel mit mir. Ich war zwar noch sehr klein, als sie starb, habe aber schöne Erinnerungen an sie. Ich weiß noch, als ich sie im Landeskrankenhaus besuchte, das war ein Jahr vor dem Unfall, da wurde sie an der Bandscheibe operiert. Die Krankenschwester ging mit mir eine Apfelsine holen, die Arndís und ich dann in ihrem Krankenbett aßen.

Am deutlichsten erinnere ich mich an den Tag, als Arndís mit dem Führerschein nach Hause kam. Papa holte sie ab, und ich wartete gespannt am Fenster, weil ich sie fahren sehen wollte. Doch es war Papa, der fuhr. Ich rannte los und fragte Arndís, warum sie nicht gefahren sei, und sie antwortete, solche Schrottkarren wie die alte Russenkiste ihres Stiefvaters würde sie nicht fahren. Ich war geschockt, und Papa grinste.

An meinem dritten Geburtstag und an Arndís' Geschenk kann ich mich auch gut erinnern. Die Geburtstagskarte mit dem Vierzeiler, die sie mir damals schenkte, ist mir sehr kostbar.

Kaffee und Kuchen sind endlich da
ich freue mich wie blödchen
auf deinen Geburtstag ein dreifach Hurra
jetzt bist du ein großes Mädchen.

HERBST

Kraft der Jahreszeiten

Schon als Kind hatte ich ein starkes Empfinden für die Kraft und die Gegensätze in der Natur. Im Sommer sind die Natur und die Berge eine Kinderstube ... die Lämmer ziehen ins Hochland, noch kleine Fellknäuel, und kommen im Herbst fast erwachsen zurück. Hier auf meinem Land brüten viele Vögel, wovon auch die Ortsnamen zeugen – die Gänseflüsse und die Gänseflusstäler. Die Gänsezungen sind ein riesiger Landstrich entlang des Tungufljót, wo Kurzschnabelgänse und Graugänse brüten. Auch dieses Gebiet würde vom Stausee des Búland-Kraftwerks geflutet. Im Sommer regt sich viel in der lieblichen Landschaft, neues Leben wächst heran, Vögel und Tiere. Wer körperlich fit ist, verbringt im Sommer gern Zeit draußen in der Natur und den Bergen.

Ich habe ein Konzept entwickelt, das Gästen und Wanderern ein Gefühl für die Natur vermitteln soll. Meine Firma heißt VAGA, ein regionales Verb für »gehen«. Eine etwa dreistündige Wanderung führt von Ljótarstaðir ins Sýrdalur, eine unvergleichlich schöne Gegend, die kaum einer kennt. Unterwegs kommt man an wundervollen Stellen wie dem Wasserfall Hrossafoss, dem Rösserfall, mit seinem klingenden Namen vorbei. Mein Hauptaugenmerk liegt auf dem Gebiet entlang des Flusses und auf den Schluchten, diesen einzigartigen Bauwerken der Natur. Für mich ist es herrlich, mein Land zu enthüllen, es zu zeigen und von ihm zu erzählen, so wie ich es schon oft gemacht habe.

Wenn der Herbst kommt, offenbart die Natur ihre tödliche Kraft. Die Vögel fliehen … und kein Weg führt daran vorbei, die Schafe zurück zum Hof zu treiben. Schon bald wird jener Ort für sie gefährlich, an dem sie bei besten Bedingungen den Sommer verbracht haben … in der hellen Natur, die mit ihrer enormen Kraft die Tiere ernährt, sie wachsen und gedeihen lässt … sanft und großzügig.

In der Winterzeit wird die Natur feindselig und birgt viele Gefahren. Ich habe ein sehr starkes Empfinden dafür, wie unterschiedlich man sich im Sommer und im Winter in der Natur fortbewegt. Im Sommer sind die Tage auf den Hochlandweiden endlos, plätschernde Flüsse, und alles ist schön.

Wenn ich im Winter mit dem Motorschlitten ins Hochland fahre, sind die Tage kurz, es herrscht beißender Frost, und die vertraute Landschaft ist so verändert, dass ich sie kaum wiedererkenne. Bei guten Wetteraussichten ist es ungefährlich … doch sobald Sturm aufzieht, wird es sehr riskant, sich in den Hochlandgebieten von Ljótarstaðir aufzuhalten.

Doch auch in dieser gefährlichen Jahreszeit, im Winter, ist die Schönheit in den Bergen beeindruckend. Der Herbst ist ein Kapitel für sich. Morgens und abends ist die Luft vollkommen klar und nebelfrei. Dann machen wir den letzten Abtrieb. Manchmal gibt es schon leichten Schneefall … was gut ist, denn dann kommen auch die stursten Bergschafe mit. Das ist die schönste Zeit in den Bergen, mit den Herbstfarben und dem weiten Blick.

Der Kampf um
das Búland-Kraftwerk

Im Jahr 2010 kam der Geschäftsführer des Energie-
unternehmens Suðurorka zum ersten Mal nach Skaftártunga,
um sich wegen des Búland-Kraftwerks umzuhören. Er kam
auch zu uns nach Ljótarstaðir. Ein Büromensch aus Reykjavík
mit gegelten Haaren, der sich noch nie die Hände schmutzig
gemacht hatte. Er kam in den Pferdestall, tat vertraulich und
belaberte mich und meinen damaligen Freund. Er redete und
redete … gab vor, ein Pferd namens Smárason kaufen zu wollen – das wir so nannten, weil es von dem Hengst Smári ab-
stammte –, und dann ritten die Männer zusammen aus. Unten
auf der Hauswiese waren Gänse und pickten Gras. Ich schickte
Addas Schäferhündin mehrmals täglich hin, um sie aufzu-
scheuchen, damit sie die Wiese nicht kaputt machten. Ich hatte
die Hündin schon losgeschickt, als ich innehielt und sie zu-
rückrief, weil mir einfiel, wie schreckhaft Smáris Sohn war. Er
hätte vor den Gänsen scheuen können, wenn sie direkt neben
dem Weg schnatternd aufgeflogen wären. Um meinen Freund
machte ich mir keine Sorgen, er ist ein guter Reiter, der mit allen Pferden klarkommt und sehr sattelfest ist.

Aber ich wusste nichts über den anderen Reiter und wollte den
Gast nicht vergraulen. Bei den späteren Auseinandersetzungen
musste ich oft daran denken, dass ich mir die Gelegenheit, besagten Gast vom Pferd fallen zu sehen, leider durch die Lappen
hatte gehen lassen. Den Suðurorka-Mann.

Er ging weiterhin hier in der Gegend ein und aus. Zweimal kam er im Herbst und half uns beim letzten Tag des Schafabtriebs. Wir Schaftreiber wunderten uns ziemlich, ließen uns aber nichts anmerken. Er war auch im Sortierpferch und beim abendlichen Fest dabei.

Suðurorka ist eine Firma, die ich nie richtig einordnen konnte. Ich weiß zum Beispiel nicht genau, wem sie gehört, jedenfalls verfügt sie über ausreichend Kapital, denn die ganze Geschichte läuft schon seit 2010 oder sogar länger. Und Suðurorka hat nur ein Projekt auf der Agenda: das Búland-Kraftwerk … in einer für die Energiegewinnung hundsmiserablen Gegend, die selbst der staatliche Energieversorger Landsvirkjun aufgegeben hat, wie es scheint. Zumindest haben sie die bereits vorliegenden Unterlagen an Suðurorka verkauft. Es handelt sich um ein Riesenbauvorhaben, das bis an die Grenzen des Nationalparks reicht, bis zum Hochlandcenter Hólaskjól, das inzwischen viele Touristen anlockt, und sich durch das gesamte Skaftártunga-Gebiet erstreckt bis nach Süden zur Nationalstraße bei Hrífunes, bei Ásar, mit einem kleinen Ausläufer nach Ljótarstaðir … ein zehn Quadratkilometer großer Stausee in meiner Schlucht Rásgljúfur, auf meinem wichtigsten Weideland … mit dem dazugehörigen Staudamm-Monstrum!

Ich brauchte einige Zeit, um die Kraftwerkpläne ernst zu nehmen, konnte einfach nicht glauben, dass dieser Wahnsinn Realität würde. So erging es auch vielen Leuten beim Bau des Kárahnjúkar-Krafwerks, darunter dem Mann, der 2014 aus Egilsstaðir zu unserer Sitzung ins Gemeindehaus nach Tungusel kam und uns Fotos von dieser Schande in Ostisland zeigte. Er meinte, er habe nicht geglaubt, dass dort wirklich einmal gebaut würde. Ich konnte es mir, wie gesagt, auch nicht vorstellen – obwohl das Búland-Kraftwerk bereits im Raumordnungsplan stand. Und da war ich wohl nicht die Einzige. Die Sache war ein Running Gag im ganzen Bezirk. Beim Schafabtrieb sagten wir: »Super, hier können wir nächstes Mal mit einem Schnellboot rumfahren.« Ich könnte mir jeden Tag in den Hintern treten, dass dieses Projekt in den Raumordnungsplan aufgenommen wurde, ohne dass ich Einspruch erhoben habe. Zu meiner Entschuldigung kann ich nur sagen, dass das alles für mich schlicht und einfach unvorstellbar war.

Gute Freunde öffneten mir irgendwann die Augen und fragten: »Willst du das einfach so mit dir machen lassen?« Mir wurde allmählich klar, dass dieses Kraftwerk tatsächlich Wirklichkeit werden könnte und ich gezwungen war, mich dagegen zu wehren. Dabei liegt es mir überhaupt nicht, Krieg zu führen. Ich betrachte mich als friedliebenden Menschen.

2012 begann der Kampf richtig, und zwar vor allem gegen den amtierenden Gemeinderat, der den Bauplänen in Skaftártunga, sowohl dem Hólmsá-Kraftwerk als auch dem Búland-Kraftwerk, sehr positiv gegenüberstand.

Die Planungen für das Búland-Kraftwerk waren in vollem Gange, und im Sommer 2012 kamen zwei Leute nach Ljótarstaðir, die mit mir darüber reden wollten. Sie wurden höflich empfangen und mit Kaffee bewirtet, aber meine Haltung war klar. Trotzdem rief man mich später an, um mir mitzuteilen, dass irgendwelche Untersuchungen gemacht würden. Ich entgegnete, ich wolle dieses Kraftwerk nicht auf meinem Land und würde nicht verkaufen. Das wiederholte ich schon seit 2010 ununterbrochen. Ich knallte den Hörer auf, und sie riefen nicht wieder an. In jenem Jahr, 2012, begann ich, Zeitungsartikel zu schreiben und bei Zusammenkünften Vorträge zu halten. Gezwungenermaßen.

Der Suðurorka-Mann machte sich hier bei uns in der Gegend immer unbeliebter und wurde von einem anderen abgelöst, nennen wir ihn den Vertragsmann. Er hatte die Aufgabe, Kontakt zu den Leuten in Skaftártunga zu knüpfen. Es war ein charmanter Kerl, ein ehemaliger Bauer aus Ingjaldssandur. Er sprach dieselbe Sprache wie wir. Soweit ich weiß, war er auch an anderen Orten damit betraut, für kleinere Kraftwerkprojekte Verträge mit den Landbesitzern zu schließen.

Im Januar 2012 lud der Vertragsmann vier Leute aus Skaftártunga, die sich öffentlich gegen das Kraftwerk ausgesprochen hatten, darunter auch mich, ins Gemeindehaus ein und überzeugte uns von der Notwendigkeit, ein Kontrollgremium für die Umweltverträglichkeitsprüfung des Búland-Kraftwerks zu gründen. Es lag bereits ein Umweltgutachten vor, das aber noch nicht veröffentlicht worden war. Das Kontrollgremium sollte sicherstellen, dass alle Betroffenen ihre Standpunkte einbringen könnten und besser darauf vorbereitet wären, im Verlauf der Veröffentlichung Einsprüche anzumelden. Er betonte besonders, dass man einen Weg finden müsse, um eine realistische Werteinschätzung durchführen zu können, auch bezüglich der sozialen Auswirkungen.

Welchen Wert es beispielsweise hätte, Familiensitze zu erhalten, damit die Leute ihren Heimathof besuchen könnten, wo ihre Wurzeln lagen. Zudem war von einer realistischen Werteinschätzung des Flusses Tungufljót die Rede, und ob es möglich sei, den emotionalen Aspekt zu bewerten. Man müsse einen pragmatischen Weg finden, das alles einzuschätzen. Vielleicht sei es aber auch schlicht unmöglich. Vielleicht seien diese Werte nicht messbar. Und dann würde das Kraftwerk nicht realisiert.

Es hieß auch, es würden Dividenden an alle registrierten Bauernhöfe ausgeschüttet. Das sei eine Neuerung: Dividenden aus dem Kraftwerkbetrieb seien für fünfzig bis sechzig Jahre an den Grund und Boden, nicht aber an Personen gebunden.

Ich war bei diesen Treffen höflich und unterhielt mich mit dem Vertragsmann, auch wenn klar war, auf welcher Seite ich stand.

Er meinte, er könne die Suðurorka-Leute bestimmt überzeugen, uns vier das Umweltgutachten zu überlassen, vorausgesetzt, wir würden verantwortungsvoll damit umgehen. Wir stimmten zu und bekamen jeweils ein Exemplar. Ich ließ mich also darauf ein, eine derjenigen zu sein, die das Gutachten einsehen durften. Gegen unsere Unterschrift auf einer Vertraulichkeitsvereinbarung, mit der wir garantierten, dass wir keine Passagen daraus veröffentlichen würden, bekamen wir die dicken Schinken ausgehändigt. Zur Bestätigung mussten wir auch noch einen Vertrag unterzeichnen, und auf jede einzelne Seite unseres jeweiligen Exemplars waren unsere Namen gestempelt.

Bei zwei Treffen im Gemeindehaus wies der Vertragsmann uns vier auf eine bevorstehende Änderung im Wassernutzungsrecht hin. Wenn das Wassernutzungsrecht mehr als einer Person gehöre, könne die andere Partei (also der Landinhaber am gegenüberliegenden Flussufer) nicht mehr über das Land auf ihrer Seite verfügen. Jetzt ist es gesetzlich so geregelt, dass man die Befugnis über sein eigenes Flussufer bis zur Mitte des Flusses hat. Man muss sich nicht dem Willen des Landbesitzers auf der anderen Seite beugen, wenn dieser beispielsweise einen Stausee erlauben möchte. Aber mit dem neuen Gesetz würde sich das alles ändern. Das würde in meinem Fall bedeuten, dass ich mich nicht gegen einen Stausee auf meinem Weideland wehren könnte, wenn der Landbesitzer auf der anderen Seite des Flusses verkaufen will. Diese angebliche Gesetzesänderung, die Suðurorka angekündigt hat, ist immer noch nicht eingetreten. Wesentlich später sprach ich zwei Rechtsanwälte, die auf solche Themen spezialisiert sind, darauf an, und ihnen war nicht bekannt, dass eine solche Gesetzesänderung angestanden hätte. Geschweige denn jemals in Kraft getreten wäre.

Im Nachhinein ist völlig klar, dass ich nur zu den Treffen ins

Gemeindehaus eingeladen wurde, damit man nachher gegenüber denjenigen, die am Rahmenplan arbeiteten, behaupten konnte, ich sei von Anfang an beteiligt gewesen ... ich habe ja schließlich im Vorbereitungsgremium gesessen. Aber in einem solchen Gremium war ich nie. Ich bin nur auf diese Masche hereingefallen und dachte, es wäre gerecht, wenn alle einen Blick auf das Umweltgutachten werfen könnten. Damit alle gut vorbereitet wären und es einschätzen könnten. Dass wir uns danach zusammenschließen und wehren könnten, wenn es so weit käme. Aber ich bin eine Schafbäuerin und kenne mich mit Gesetzesspitzfindigkeiten nicht aus.

Ein gutes Beispiel für die Vorgehensweise der Kraftwerkleute ist, dass der Vertragsmann bei unseren Treffen im Gemeindehaus beteuerte, in Island habe es bisher noch niemand geschafft, solche Bauvorhaben zu stoppen. Das stimmt natürlich nicht. Nehmen wir nur das historische Beispiel des Gullfoss und den Kampf von Sigríður von Brattholt für den Schutz des Wasserfalls. Auch das Wasserkraftwerk im Feuchtgebiet Eyjabakkar in Ostisland konnte verhindert werden.

Der Vertragsmann tat beim ersten Treffen im Gemeindehaus so, als wäre er auf unserer Seite, als solle das Kontrollgremium gewährleisten, dass alle Standpunkte berücksichtigt würden und dass wir Einwohner uns darauf vorbereiten könnten, bei der Veröffentlichung des Umweltgutachtens Einwände zu erheben. Das war der ursprüngliche Zweck, und nichts anderes.

Dann besprachen wir, an welchem Ort man alle in Skaftártunga am besten erreichen könnte. Es gibt nur einen Verein, den Angelverein. Zwei der vier Gesprächsteilnehmer saßen im Vorstand dieses Vereins, und die luden zu einer Mitgliederversammlung ein.

Alle registrierten Bauernhöfe in Skaftártunga gehören dem Angelverein an, und die erste Versammlung war gut besucht.

Dort schlug der Vertragsmann also vor, ein Kontrollgremium für das Umweltverträglichkeitsgutachten zu gründen, und vier Leute wurden in dieses Gremium gewählt. Zwei, die von vornherein gegen die Kraftwerkpläne waren, ein Befürworter und einer vom Hof Búland. Der Vertragsmann schlug Ella und mich vor, aber die Trächtigkeitsuntersuchungen standen an, und da sind wir sechs Wochen unterwegs. Der Vertragsmann bot sich an, zunächst im Kontrollgremium mitzuarbeiten, man könne ihn aber jederzeit ausschließen.

Während Ella und ich unterwegs waren, bekam der Gemeinderat plötzlich einen Brief, den der Vertragsmann im Namen des vom Angelverein gewählten Kontrollgremiums verfasst hatte. Darin wurde um einen Kaufrechtsvertrag für das Grundstück Ár ersucht, das sich in Gemeindebesitz befand. Es handelte sich um unbewirtschaftetes Land östlich der Skaftá. Der Kaufrechtsvertrag war als Ausgleichsmaßnahme für die verlorenen Weideflächen der Leute in Skaftártunga wegen des Búland-Kraftwerks gedacht. Der Brief wurde an den Weideflächenausschuss weitergeleitet, in dem vier Personen saßen. Die reagierten verhalten, und soweit ich weiß, wurde der Brief nicht beantwortet.

Es kam also so weit, dass das Gremium, welches das Umweltgutachten einsehen sollte, nach Lösungen suchte, Vorschläge zu Ausgleichsmaßnahmen machte und über den Raumordnungsplan der Gemeinde Skaftá mitbestimmte.

In Skaftártunga herrschte von da an eine bedrohliche Stille. Die Gegner des Kraftwerks redeten kaum noch mit mir über die Sache. Die Gemeinderatswahlen standen bevor. Naturschützer und Kraftwerkgegner von hier und anderswo drängten mich, den ersten Platz auf einer neuen Liste einzunehmen, deren wichtigste Themen Umweltangelegenheiten und Naturschutz waren. Wegen meiner begrenzten Zeit war ich alles andere als begeistert. Ich habe auch nicht das Bedürfnis, im Rampenlicht zu stehen … im Gegenteil.

Die Gründung dieser neuen Liste war in erster Linie Kidda, Kristbjörg von Þykkvabæjarklaustur, zu verdanken. Sie spornte alle an und ließ nicht locker. Die Liste bekam den Namen *Z-Liste – Sonne in der Gemeinde Skaftá*. Man darf keine Buchstaben verwenden, die schon an andere Parteien vergeben sind. Der Buchstabe Z war frei und eine geniale Idee, denn er stand früher auf den Autokennzeichen im Bezirk Skaftafell und wurde auch für Hofkennziffern bei der Schafmarkierung benutzt. Umweltthemen hatten bei der neuen Liste Priorität, aber es gab auch für andere Bereiche ein vernünftiges Wahlprogramm.

Ich nahm den ersten Listenplatz ein, obwohl ich für politisches Engagement eigentlich keine Minute übrig hatte. Das Ergebnis war, dass die Z-Liste einen Kandidaten in den Gemeinderat bekam, und das war ich. Nach der Wahl konnte keine Mehrheit gebildet werden, und man entschied, dass alle Listen zusammenarbeiten sollten. Wir schlossen einen Koalitionsvertrag, bei dem alle Listen Kompromisse eingingen. Die Z-Liste musste von einer Revision des Raumordnungsplans abrücken, dafür einigte man sich darauf, in dieser Wahlperiode sämtliche Diskussionen über die Kraftwerkpläne auf Eis zu legen. Wenn der Gemeinderat Stellung beziehen sollte, beispielsweise beim Anhörungsprozess zum Rahmenplan, würde er immer einen neutralen Standpunkt einnehmen.

Anfang 2015 platzte die Koalition. Danach bildeten die D-Liste und die Z-Liste den Gemeinderat, und ich wurde stellvertretende Vorsitzende für die Gemeinde Skaftá.

Es ist klar, dass ich niemals in die Lokalpolitik gegangen wäre, wenn ich mich nicht hätte schützen müssen, und nicht nur mich, sondern auch meine Gemeinde und mein Land und letztendlich ganz Island. Ich habe mich sehr schwergetan mit der Politik, nicht nur aus Zeitmangel, sondern auch, weil ich Schwierigkeiten habe, öffentlich zu sprechen … davor hatte ich große Angst, und es hat mich wirklich belastet. Schriftlich kann ich mich hingegen gut ausdrücken, und ich schreibe gern.

Abgesehen davon langweilen mich Meetings, und bei meiner Arbeit im Gemeinderat muss ich an sehr vielen teilnehmen, auch im Zusammenhang mit dem Vatnajökull-Nationalpark. Durch die viele Fahrerei fehlt mir Zeit für die Arbeit auf dem Hof.

Am 1. Mai 2014 fand im Gemeindehaus eine Veranstaltung zur Stromgewinnung statt, organisiert vom Naturschutzbund Landvernd und der regionalen Naturschutzorganisation Eldvötn. Zu diesem Zeitpunkt war es schwierig, die Leute dazu zu bringen, über Staudammprojekte zu reden, weshalb man mich wieder einmal um meine Teilnahme bat. Eigentlich wollte man jemand anderen haben, aber es erklärte sich niemand bereit.

Aus Skaftártunga kamen nur sehr wenige Leute zu dieser Veranstaltung, und keiner von denen, die offensiv gegen das Búland-Kraftwerk eingetreten waren. Im Grunde hatte man diese Leute zum Schweigen gebracht, indem man sie in die Arbeit des sogenannten Kontrollgremiums hineingezogen hatte.

Ende August 2014 wollte der Angelverein die Arbeit des Kontrollgremiums vorstellen. Ich wurde einen Tag vorher zu dem Treffen eingeladen, konnte aber wegen anderer Termine nicht kommen. Das Kontrollgremium wurde unfunktioniert, verkleinert, und man bemühte sich unter anderem, jemanden aus dem Gemeinderat einzubeziehen, doch der lehnte ab, unter der Prämisse, in einer späteren Phase beteiligt zu werden. Wir wollten uneingeschränktes Mitspracherecht haben, sobald es zu einem Anhörungsprozess in der dritten Etappe des Rahmenplans käme.

Zu diesem Zeitpunkt arbeiteten im Gemeinderat noch alle Parteien zusammen. Es wurden Pläne vorgestellt, einen Entwicklungsfonds für Skaftártunga zu gründen, der sicherstellen sollte, dass Einnahmen aus dem Kraftwerkbetrieb an alle registrierten Höfe in der Gemeinde flössen. Die Firma Suðurorka beabsichtigte, diese Gelder zum größten Teil einzubehalten, was dem zuvor geschlossenen Vertrag mit den Wasserrechtsinhabern an der Skaftá widersprach. Die ersten Zahlungen sollten laut dieses Vertrags noch im selben Sommer eingehen, was sie nicht taten.

Ende September 2015 organisierte der Angelverein eine Info-Veranstaltung im Gemeindehaus. An diesem Termin war ich bei einer Konferenz des Naturschutzbunds Landvernd in Reykjavík, bat aber den Vorsitzenden des Angelvereins darum, einen Bericht von mir vorzulesen und zu verteilen, den ich im selben Herbst auf einer Versammlung im Gemeindehaus präsentiert hatte. Bei dieser Info-Veranstaltung trat das Kontrollgremium zurück, und man übertrug dem Vorstand des Angelvereins die Aufgabe, dessen Arbeit abzuschließen. Der Vorstand des Angelvereins traf sich weiter mit dem Suðurorka-Mann, der unter anderem einen Entwurf für Wasserrechtsverträge vorstellte, Vorschläge für eine Aufteilung der Dividendenausschüttungen des Kraftwerks machte, sowie einen Entwurf für einen Vertrag zwischen Suðurorka und den Landbesitzern und Wasserrechtsinhabern vorlegte. Im Einzugsgebiet des Búland-Kraftwerks befinden sich nur drei Grundstücke, und Ljótarstaðir ist eines davon. Die Wasserrechte liegen hingegen sowohl an der Skaftá als auch am Tungufljót.

Suðurorka verfolgte weiter dieselben Ziele. Zum Monatswechsel November-Dezember bekam ich ein Einschreiben, in dem die Arbeit des Kontrollgremiums vorgestellt und ein Vorschlag zur Aufteilung der Gelder zwischen Landbesitzern und Wasserrechtsinhabern gemacht wurde. Ich zwang mich, den Brief zu überfliegen, was mir sehr schwerfiel, da ich immer klargestellt hatte, dass ich meine Wassernutzungsrechte nicht verkaufen würde. Um halb elf abends bekam ich dann eine Mail mit einer Einladung zu einem Termin mit dem Suðurorka-Mann. Er wollte jeden einzeln treffen. Das bereitete mir eine schlaflose Nacht. Ich schrieb dem Mann sofort zurück, wenn er und seine Firma weiterhin solche Methoden anwenden würden, würde ich im ganzen Land einen Höllensturm entfachen. Ich gab ihm zu verstehen, dass die Suðurorka-Leute nicht die Einzigen wären, die Drohungen aussprechen könnten. Diese Auseinandersetzung kostete mich schlaflose Nächte, und mein Puls war auf zweihundert. In solchen Situationen bekomme ich Schmerzen, als hätte man mir ein Messer zwischen die Rippen gerammt, als stünde ich kurz vorm Herzinfarkt. Selbst wenn ich heute darüber rede, spüre ich noch Druck auf der Brust und Verspannungen in den Schultern.

Zu allem Überfluss war ich in diesem dunklen Winter ganz allein auf dem Hof. Mama lag wegen einer schlimmen Entzündung im Knie seit November im Krankenhaus, Ausgang ungewiss.

Ich ging nicht zu dem Termin mit dem Suðurorka-Mann. Warum hätte ich das auch tun sollen?

Es kam ein weiteres Einschreiben von Suðurorka, mit einer Information, die man mir bei dem Termin hatte mitteilen wollen: meinen Gewinnanteil an den Erträgen des Kraftwerks, für mehrere Jahre. Ich warf nur einen kurzen Blick auf den Brief und las ihn mir gar nicht richtig durch ... ich war mit den Nerven am Ende. Ich wusste nicht, wie meine Nachbarn dazu standen, und traute mich nicht, sie anzurufen.

An diesem Punkt beriet ich mich mit Landvernd, die mir nahelegten, mir einen Anwalt zu nehmen. Nachdem sich einer der Anwälte bei Landvernd alles angeschaut hatte, empfahlen sie mir Ásgerður Ragnarsdóttir von der Anwaltskanzlei Lex, die auf dieses Gebiet spezialisiert ist. Sie nahm sich der Sache an.

Ich kam mir vor wie ein einsamer Rufer in der Wüste. Die Suðurorka-Leute hörten nichts und begriffen nichts, obwohl ich ihnen unablässig vorbetete, dass ich nie einen Vertrag mit ihnen abschließen würde. Einmal sagte mir einer: »Dann komme ich eben immer wieder.« Ich antwortete: »Tun Sie das ruhig.« Seine Entgegnung lautete: »Aber irgendwann ist Schluss.« Wieder eine versteckte Drohung.

Ich bildete mir ein, dass diese Leute verständiger würden, sobald eine Anwältin ins Spiel kommt. Sie würde von nun an meine Briefe entgegennehmen und die Korrespondenz mit Suðurorka führen, sodass ich deren Schreiben nicht mehr öffnen und lesen musste. Übrigens auch eine gute Nachricht für unseren Postboten, der immer sofort das Weite suchte, wenn er mir ein Einschreiben von Suðurorka ausgehändigt hatte. Ich lief jedes Mal knallrot an und stand kurz vorm Explodieren.

Die Anwältin schickte Suðurorka ein Schreiben, in dem sie meine Haltung zum Verkauf von Land und Wasserrechten nochmals bekräftigte. Mir erschien dieser Terror mit den ständigen Einschreiben von Suðurorka wie eine Vorstufe zur Enteignung, deshalb war ich noch immer beunruhigt. Nach dem Gespräch mit der Anwältin fühlte ich mich etwas erleichtert, denn sie versicherte mir, Suðurorka habe keine Grundlage für eine Enteignung. Es seien alles nur leere Drohungen.

Für ein Kind vom Land ist es ein großer Schritt, sich einen Anwalt zu nehmen. Schon allein die Vorstellung, womöglich eine Rechnung über siebzigtausend Kronen zu bekommen, die natürlich auch kam. Das ist für eine Schafbäuerin viel Geld. Ein solcher Betrag reicht für Kraftfutter für meine gesamte Herde während der Lammzeit.

Ich bin mir nicht sicher, ob ich mich getraut hätte, mir eine

Anwältin zu nehmen, wenn der Naturschutzbund sich nicht bereit erklärt hätte, mich im Notfall finanziell zu unterstützen. So weit kam es dann zwar nicht, ich bezahlte meine Rechnung selbst, doch wenn der Betrag höher geworden wäre, hätte ich das Angebot annehmen müssen.

Dass der Naturschutzbund sich der Sache annahm, war wirklich vorbildlich. Eine absolut notwendige Unterstützung, denn genau mit dieser Masche übt die Energiebranche Druck auf die Menschen aus – über Geld.

Zur selben Zeit, als ich die Anwältin einschaltete, im Januar 2016, flammten die Diskussionen wieder auf und die Haltung der Nachbarn wurde deutlicher. Der Vorstand des Angelvereins gab das Ende seiner Zusammenarbeit mit Suðurorka schriftlich bekannt. Ich war nervlich so angespannt, dass ich noch nicht einmal Lust hatte, Motorschlitten zu fahren. Ich war wie erstarrt, dachte sogar darüber nach, den Schlitten ganz zu verkaufen, weil ich einerseits gar keinen Spaß mehr daran hatte und andererseits dadurch Geld für die Anwaltsrechnungen hätte. Mit einem Betrieb wie meinem macht man nie Überschuss. Man wurschtelt sich immer irgendwie durch.

Ortsbegehung

Anfang Sommer 2015 bekam ich eine Mail zu einer bevorstehenden Ortsbegehung aller Fachausschüsse im Zuge der dritten Etappe des Rahmenplans, bei der es um die Baugebiete für das Hólmsá-Kraftwerk und das Búland-Kraftwerk gehen sollte. Die Gemeinderäte wurden aufgefordert, daran teilzunehmen. Die Fahrt sollte am 5. September stattfinden. Ich wusste also schon frühzeitig von dem Termin und hatte den ganzen Sommer über Angst davor.

Am 2. September, einem Mittwoch, schwade ich gerade Heu für meine Nachbarn, als ich eine Erinnerungsmail zu der Ortsbegehung der Fachausschüsse in drei Tagen bekomme. Mit einer Anfrage, wer für den Gemeinderat daran teilnehmen wird. Im Anhang eine Tagesordnung. Dort sehe ich zufällig, dass Suðurorka zu Kaffee und Kuchen und einer Info-Veranstaltung ins Gemeindehaus einlädt. Von dieser Veranstaltung hätte ich nie etwas erfahren, wenn ich nicht im Gemeinderat gewesen wäre.

Nur noch wenige Tage bis zur Ortsbegehung. Ich bin stinksauer, telefoniere ununterbrochen, während ich weiter Heu schwade ... maile sofort einem Mitarbeiter der Projektleitung und frage ihn, warum Suðurorka eine Info-Veranstaltung durchführt und nicht Landsvirkjun, die das Hólmsá-Kraftwerk planen. Ich bekomme die höfliche Antwort, Suðurorka halte eine Info-Veranstaltung im Haus und Landsvirkjun eine außer Haus.

In meiner Naivität hatte ich geglaubt, an der Ortsbegehung

nähmen nur die Fachausschüsse und der Gemeinderat teil, nicht die beteiligten Firmen. Jetzt wusste ich, worauf die Sache hinauslief, weil ich die Wahrheit über Suðurorka kannte. Ich mailte allen möglichen Leuten und fragte, ob ich auch einen Vortrag halten dürfe – als Landbesitzerin. Mailte dem Gemeinderat und fragte, ob ich beim Hólmsá-Kraftwerk als Gemeinderatsmitglied und beim Búland-Kraftwerk als Eigentümerin auftreten dürfe. Meine Stellvertreterin Jóna Björk würde mich als Gemeinderatsmitglied beim Búland-Kraftwerk vertreten und ich würde an dieser Begehung nur als Betroffene teilnehmen.

Mein Handy lief heiß. Ich drehte dermaßen am Rad, dass ich vergaß, den Schwader runterzulassen, sodass er eine ganze Runde in der Luft hing. Diese Wiese war ausgesprochen schlecht geschwadet. Fast hätte ich das ganze Heu um die Strommasten gewickelt. Als ich spätabends endlich mit Schwaden fertig war, raste ich mit dem Traktor auf dem Nachhauseweg durch die Schlaglöcher.

Meine Bitte wurde sehr gut aufgenommen, und ich durfte es so machen. Ich legte mir wie immer im Kopf zurecht, was ich sagen wollte, hatte schnell ein Konzept und überlegte gleichzeitig, was noch alles zu tun war. Fanney kam vorbei, wir wollten zusammen Schafe eintreiben, und ich bat sie, mir mit dem Vortrag zu helfen.

Der Donnerstag ging dafür drauf, den Vortrag zu schreiben. Ich musste Fotos von den Wandergruppen raussuchen, Bilder aus dem Gebiet am Tungufljót. Dann ließ ich den Vortrag gegenlesen und bekam ihn wieder zurück, mit der Anmerkung, ich solle mich etwas mäßigen. Am Freitag war er einigermaßen vorzeigbar.

Am nächsten Tag, am Samstag, fand dann die Ortsbegehung statt. Zuerst wurde ein Teil des Gebiets besichtigt, das von den

Auswirkungen des Hólmsá-Kraftwerks betroffen wäre, ebenso wie die Stelle für den Stausee. Ein Mitarbeiter von Landsvirkjun stellte dieses Projekt vor. Im Bus mit den Fachausschüssen konnten die Gemeinderatsmitglieder den Standpunkt des Gemeinderats und die Vorgeschichte der Erschließungspläne dieses Gebiets ausführen. Ich bekam die Gelegenheit, sowohl die Haltung der Z-Liste als auch meine persönliche Meinung kundzutun. Ich bin auch entschieden gegen das Hólmsá-Kraftwerk. Die Situation ist genau dieselbe wie beim Búland-Kraftwerk, dieselbe Umweltzerstörung, dasselbe Gebiet. In ihrer Gesamtheit ist die Region wesentlich wertvoller, so wie sie jetzt ist, als mit diesen Kraftwerken – wobei das Búland-Kraftwerk eine noch viel irrsinnigere Baumaßnahme darstellt als das Hólmsá-Kraftwerk. Ein derart einschneidender Eingriff in die Natur ist schier unglaublich. Dass man überhaupt auf die Idee verfallen kann, sich mit der Bestie Skaftá anzulegen … schon allein das ist die pure Unvernunft!

In Skaftártunga gibt es vierzig Hektar Wald, der schon seit der Landnahme vor über tausend Jahren besteht. Diese Waldgebiete würden vom Hólmsá-Stausee geflutet. Landsvirkjun verspricht, stattdessen achtzig Hektar Wald zu pflanzen, doch diese Bäume könnten die letzten Überreste eines Waldes aus der Landnahmezeit niemals ersetzen.

Es ist typisch für den rückständigen Naturschutz in Island, dass der Wald im Rahmenplan für das Hólmsá-Kraftwerk gar nicht erwähnt wurde. Erst als Vigfús von Flaga, ein ortsansässiger Wanderguide, das Gebiet durchwanderte, wurde den Leuten bewusst, welche Kostbarkeiten sich dort verbergen. Der Wald aus der Landnahmezeit, der Wasserfall im Fluss Skógá … Erst da änderten viele ihre Meinung. Wobei die meisten Menschen natürlich auch genug andere Sorgen haben und schon daher dazu neigen, alles kommentarlos zu schlucken.

Die Ortsbegehung wurde dann fortgesetzt, und im Gemeindehaus lud Suðurorka zum versprochenen Kaffee und Kuchen ein. Jóna Björk kam und übernahm meine Vertretung, und ich wurde zur Landbesitzerin und hatte Fanneys und meinen druckfrischen Vortrag dabei. Alle Wichtigtuer von Suðurorka waren anwesend und hatten eine schicke Präsentation mit Fotos und allerhand Schnickschnack aufgebaut.

Darin verwiesen sie nachdrücklich auf die Arbeit des Angelvereins Skaftártunga und die Einigkeit in der Gemeinde. Der Suðurorka-Mann machte viel Aufhebens um die bereits geleistete Arbeit, die gerechte Verteilung der Erträge und die besagte Einigkeit in der Nachbarschaft. Es war skandalös. Eine absolute Frechheit. Selbst wenn man mir mit einem Strohhalm Kaffee hätte einflößen wollen, hätte ich nichts runterbekommen, so schlecht wurde mir von diesem Schwachsinn. Dabei bin ich eine richtige Kaffeetante.

Als ich an die Reihe kam, bemängelte ich als Erstes, dass die beteiligten Unternehmen bei dieser Veranstaltung zwar in direkten Kontakt mit den Gemeinderäten und Fachausschüssen getreten seien, andere Betroffene zu dieser Ortsbegehung aber nicht eingeladen hätten. Es störte mich, dass die Unternehmen dadurch direkten Zugang zu den Rahmenplan-Fachleuten und dem Gemeinderat hatten, die Landbesitzer aber nicht.

Dann hielt ich meinen Vortrag, in dem ich einige Behauptungen des Suðurorka-Manns richtigstellte – unter anderem über das Zustandekommen der Arbeitsgruppe, des sogenannten Kontrollgremiums, und den Stand der bereits geschlossenen Verträge.

Mein Auftritt bei dieser Veranstaltung war ein Schlüsselmoment. Das Treffen wäre vollkommen anders verlaufen, wenn ich nicht da gewesen wäre. Jóna Björk und mir wurde nun glasklar, wie wichtig meine Kandidatur für den Gemeinderat gewesen war. Ich hätte gar nichts von der Ortsbegehung erfahren, wenn ich nicht Mitglied gewesen wäre. Das machte einen großen Unterschied, und viele Anwesende gaben mir später die Rückmeldung, dass mein Engagement sehr wichtig und notwendig war.

Die Suðurorka-Vertreter hätten leichtes Spiel gehabt und den Zuhörern glatte Lügen auftischen können, wenn ich nicht zu der Veranstaltung im Gemeindehaus gekommen wäre. Sie wollten den Leuten weismachen, dass beim Thema Búland-Kraftwerk uneingeschränkte Harmonie und Einigkeit herrschten. Dass die Verträge mit den Wasserrechtsinhabern am Fluss Skaftá vollgültig wären. Ich widersprach, obwohl ich mir nicht hundertprozentig sicher war, und sagte, die Verträge würden aufgelöst, weil Suðurorka noch keine Zahlungen geleistet hätte. Es stellte sich heraus, dass der Suðurorka-Mann nichts dagegen vorbringen konnte – was er natürlich getan hätte, wenn es falsch gewesen wäre.

Im Saal war es totenstill, als ich meine Rede beendet hatte.

Dann durchbrach der Suðurorka-Mann die Stille und sagte: »Es ist immer eine Freude, Heiða zuzuhören. Sie ist eine gute Rednerin. Und diesmal war sie gar nicht so weit von der Wahrheit entfernt.«

Die sind so aalglatt, diese Typen ... haben noch nicht einmal den Mumm, schlecht über einen zu reden!

Am Rande bekam ich allerdings mit, dass die Kraftwerk-Leute glaubten, dass eine Landwirtin in Ljótarstaðir nicht lange durchhalten würde. Man munkelte: »Sie ist so viel allein. Sie sucht sich bestimmt bald einen Mann und zieht weg.« Zudem hörte ich von himmelhohen Beträgen, die man mir anbieten wolle.

Als die Veranstaltung im Gemeindehaus zu Ende war, folgte die Ortsbegehung des Baugebiets für das Búland-Kraftwerk, das sehr weitläufig ist. Zusätzlich zu dem zehn Quadratkilometer großen Stausee würden Unmengen von Dämmen, Kanälen und Wassernutzungsanlagen benötigt.

Gezwungenermaßen schaute ich mir das alles an. Ich ertrage es nicht, die Karten zu studieren. All diese Stromleitungen und Gräben und Dämme und Zerstörungen, in meiner Gegend, auf meinem Land. Die geplante Staumauer in der Schlucht Rásgljúfur wäre so hoch wie der Turm der Hallgrímskirkja. Nicht auszudenken, wenn so ein Staudamm einmal brechen sollte ... Ich gab unter anderem zu bedenken, dass nur noch ein Drittel unseres Flusses, des Tungufljót, an Ljótarstaðir vorbeifließen würde, sollte man den Fluss dort stauen. Die Suðurorka-Leute hielten das für unsinnig. Ich wies sie darauf hin, dass die Strömung bei Ljótarstaðir nicht dieselbe ist wie beim Strömungsmesser. Dann zählte ich die Namen sämtlicher Wasserläufe auf, die zwischen dem geplanten Staudamm und Ljótarstaðir zusammenfließen, und dann alle, die sich im Flussbett von Ljótarstaðir bis zum Strömungsmesser sammeln. Es ist nicht ganz leicht, einen solchen Kampf gegen eine Landbesitzerin zu führen, die die gesamte Gegend kennt wie ihre Westentasche.

* * *

Im Januar 2016 kam dann die Nachricht, dass der Vorstand des Angelvereins Skaftártunga die Zusammenarbeit mit Suðurorka beendet. Meine Anwältin erklärte mir, die Aufgaben von Angelvereinen seien gesetzlich klar geregelt. Dazu gehöre keineswegs, Verträge mit Landeigentümern über Staudammprojekte auszuhandeln.

Im Nachhinein betrachtet, geschah also Folgendes: Suðurorka spannte den Angelverein die ganze Zeit für seine Zwecke ein und behauptete dann, es herrsche Einigkeit über das Kraftwerkprojekt, der Angelverein habe ja so viel uneigennützige Arbeit auf sich genommen, nicht zuletzt durch seinen prüfenden Blick auf das Umweltgutachten.

Als Ende Januar 2016 die Sonne am Himmel wieder höher stieg, fühlte ich mich langsam besser … nachdem der Angelverein die Zusammenarbeit aufgekündigt und ich mir anwaltliche Hilfe gesucht hatte. Ich hörte, dass so gut wie keiner in der Nachbarschaft mit dem Vertragsentwurf einverstanden war, den Suðurorka verschickt hatte. Deshalb ging ich im Februar ziemlich entspannt auf Fötenzähltour. Und Mama war endlich wieder so fit, dass sie nach Hause kommen durfte, nach drei Monaten Krankenhaus.

Katzen und Hunde
in Ljótarstaðir

Als ich klein war, lebten die Katzen im Stall, wollten aber ins Haus, wenn sie älter wurden, und lagen dann im Wohnzimmer. In dem Herbst, als ich in der neunten Klasse war, bekam ich ein Katzenjunges. Ich war ganz vernarrt in mein Kätzchen, meine erste Hauskatze. Sie hieß Loppa, Pfötchen, wurde aber immer nur Kisa, Kätzchen, genannt. Sie starb im hohen Alter von fast zwanzig Jahren. Ich besaß also dasselbe Haustier seit meiner Teenagerzeit bis zum Jahr 2012, als ich längst Bäuerin war. Meine Katze hatte nur eine Schwäche: Sie schnarchte.

Eine meiner schönsten Erinnerungen an meine geliebte Katze ist, wie sie mir einmal Mäuse und Vögel aufs Kopfkissen legte, als ich schon erwachsen war und mehrere Tage krank im Bett lag. Das machte sie sonst nie. Als der Arzt kam, wollte sie ihn attackieren und fauchte ihn so sehr an, dass Mama sie einsperren musste, solange er da war.

Sie lag neben mir, als sie starb. Ich war so traurig, dass ich mir nie mehr eine Katze anschaffen wollte, um diesen Kummer nicht noch einmal erleben zu müssen. Doch zur Mittagszeit am nächsten Tag liebäugelte ich schon mit einem Katzenbaby, von dem ich gehört hatte. Ich begrub die alte Katze unter den Bäumen im Garten und holte eine neue zu mir.

Sie heißt Huggun, Trost, wird aber auch immer nur Kisa genannt. Als kleines Kätzchen war sie total süß und spielte sehr gern. Sie ist frech und braucht viel Aufmerksamkeit. Und sie hat die merkwürdige Angewohnheit, mir eine Pfote aufs Augenlid zu drücken, ganz vorsichtig, um mich zu wecken. Wenn ich darauf nicht reagiere, schlägt sie mir mit der Pfote auf die Nase.

Huggun ist eine fanatische Jägerin, und wir haben ihr zwei Glöckchen ans Halsband gehängt. Wenn sich morgens ein winziger Blutfleck auf dem Boden der Dusche befindet, weiß man, was sich zugetragen hat. Sie lässt von der Maus noch nicht einmal die Krallen und den Schwanz übrig, so wie die alte Katze. Ich begreife nicht, wie sie das anstellt. Sie muss den Schwanz einsaugen wie Spaghetti.

Vor ein paar Tagen kam sie mit vollgestopftem Maul ins Haus. Und wie sollte es auch anders sein, sie hatte ein Mäusejunges erwischt. Wir konnten es ihr unverletzt entwenden, und es kauerte auf dem Boden und schaute sich verwirrt um. Dann machte es, dass es wegkam.

Manchmal veranstaltet die Katze Verfolgungsjagden mit den Mäusen, die sie ins Haus geschleppt hat. Ich habe aus einem Besenstiel und einem Yoghurtbecher ein Fanggerät gebaut, mit dem ich die Mäuse einfange und in die Freiheit entlasse. Man muss sie einfangen, sonst sterben sie irgendwo und fangen an zu stinken.

Meine Katze mag keinen Schafgeruch, deshalb fängt sie in den Schafställen keine Mäuse. Sie hat ihre Aufgabe offenbar völlig missverstanden. Schleppt Mäuse ins Haus, anstatt sie vom Hof fernzuhalten.

Dabei ist meine Kisa gar nicht so abgeklärt, wie sie tut. Wenn ich zum Fötenzählen sechs Wochen lang weg bin, kuschelt sie sich jeden Tag wie ein Häufchen Elend unter meine Bettdecke ... was sie nie tun würde, wenn ich zu Hause bin.

Früher wurden Katzen gezielt gegen die Mäuseplage eingesetzt.

Manchmal steckte Papa eine Katze in einen Sack und brachte sie in den Schafstall oben auf der Wiese. Das ist ein alter Grassoden-Stall, und die Mäuse lebten in den Wänden. In besonders harten Jahren bestand die Gefahr, dass sie die Schafe angingen und sich durch die Wolle fraßen. Dann brachte man eine Katze in den Schafstall und fütterte sie mit Milch, solange sie dort jagte.

Ich könnte nicht sagen, was meine Lieblingstiere sind. Ich bin ein absoluter Tiernarr, und natürlich fällt es mir schwer, mich von ihnen zu trennen. Letztes Jahr musste ich meinen alten Hund Glámur einschläfern lassen. Er war mein Ein und Alles ... das war furchtbar traurig. Mein anderer Hund, Frakkur, suchte noch lange nach ihm und war ganz verstört, weil er jetzt allein war.

Als ich in jenem Winter vom Fötenzählen zurückkam, begrüßte Glámur mich nicht mehr freudig. Ich hatte ihn vierzehn Jahre gehabt, deshalb war das ein echter Schock für mich und eine sehr frustrierende Heimkehr. Er war ein Border Collie, genau wie Frakkur. Es ist ungewöhnlich, dass diese großen Hunde so alt werden.

Eine Zeit lang hatten Glámur und Frakkur Meinungsverschiedenheiten, Frakkur griff den alten Hund manchmal an, und ich machte mir Sorgen, weil der Alte einen epileptischen Anfall hätte kriegen können, wenn er attackiert wurde. Meine Freundin Adda, die in Wales eine Ausbildung zur Hundetrainerin gemacht hat, wusste Rat, wie meistens, wenn es um Tiere geht. Sie riet mir, die beiden, wenn sie in der Waschküche waren, in Hundekäfige zu sperren ... dort würden sich sonst Spannungen zwischen ihnen aufbauen. Ich fuhr sofort los und kaufte mir einen Hundekäfig, einen zweiten lieh mir Adda aus. Solche Methoden sind auf dem Land nicht unbedingt üblich, und Adda freute sich, dass ich offen für Neuerungen war. Und tatächlich, es funktionierte. Durch die Hundekäfige bekamen beide Tiere ihren eigenen Platz, wo sie ihre Ruhe hatten ... dadurch lösten sich die Spannungen. Das ist ein gutes Beispiel dafür, dass ich immer gern alles ausprobiere, wenn jemand Verbesserungsvorschläge hat.

Glámur starb im Winter, als der Boden gefroren war. Ich legte ihn in einen Pappkarton, den ich in die Tiefkühltruhe stellte. Als er schon seit einer Weile in der Truhe lag, bemerkte ich, dass sich der Deckel des Kartons etwas verschoben hatte, sodass man das Fell sehen konnte.

Im Frühjahr half mir mein Freund Þór Saari dabei, die Zäune zu reparieren, und wollte irgendwann etwas aus der Tiefkühltruhe holen, ungeplant. Ich wurde panisch, als mir der gefrorene Hund einfiel, aber Þór verlor nie ein Wort darüber, und ich hoffe, dass er ihn übersehen hat.

Als der Boden wieder aufgetaut war, beerdigten Mama und ich den alten Hund.

Kleine Charakteristik
des Landlebens

Es ist mir sehr wichtig, dass Harmonie herrscht, was manchmal schwierig sein kann, weil es in einer kleinen Gemeinschaft oft persönlich wird.

Hier bei uns in der Nachbarschaft waren alle sauer auf die Bewohner eines Hofs, weil ihnen deren Umgang mit Suðurorka nicht passte. Zwischen Ljótarstaðir und diesem Hof hatte immer ein sehr gutes Verhältnis geherrscht. Ich rief meine Freunde dort an und bat sie, nicht zuzulassen, dass die Kraftwerksache Einfluss auf unser tägliches Miteinander und unsere gute Zusammenarbeit hätte. Es sei ja bekannt, dass ich mit allen Mitteln versuchen würde, die Kraftwerkpläne zu stoppen, aber ich würde unsere Freundschaft nicht dafür opfern wollen. Meine Freunde glaubten, dass es möglich wäre, diese beiden Dinge voneinander zu trennen, und es funktionierte, wir bewahrten den Frieden. Sie zogen dann in den Norden, und dort besuchte ich sie letztes Jahr.

Ich habe immer versucht, mein Engagement gegen das Kraftwerk aus dem Alltag herauszuhalten, aber das wurde immer schwieriger. Es gibt Anfeindungen, die Leute grüßen einen auf der Straße nicht mehr, wenden sich ab, wenn man vorbeifährt, selbst wenn es im Schneckentempo ist. Die ersten Male war das sehr schmerzhaft. Ich versuche, es auszublenden, versuche, es durchzustehen. Als Gemeinderatsmitglied muss ich vorsichtig sein und mich behaupten.

Dabei hilft es mir, dass ich ein eher zurückhaltender Mensch bin. Ich habe einige sehr gute Freunde und halte ansonsten lockeren Kontakt zu den Leuten.

Die Menschen bei uns in der Gegend sind ziemlich verschlossen. Motto Nummer eins: Lass dir nichts anmerken. Motto Nummer zwei: Zeig keine Gefühle.

Ich fühle mich in unserer Gemeinschaft, und vielleicht auch generell, isoliert. Ich weiß, dass manche mich für überheblich halten. Bei uns gilt es als ungehörig, Aufmerksamkeit auf sich zu ziehen, so wie ich es bei der Kraftwerkgeschichte getan habe. Ich habe mich bereit erklärt, an die Presse und zu Veranstaltungen zu gehen, um etwas zu bewegen und mich selbst zu schützen. So jemand gilt im Bezirk Skaftafell als Wichtigtuer. Im Bezirk Þingey im Nordosten wäre das weniger schlimm. Wobei ich glaube, dass sich das auch hier allmählich ändert.

Im Zweifelsfall sollte man sich an den guten alten Rat halten: Tee trinken und abwarten, bis sich alle wieder beruhigt haben. Ich muss oft an Ólafía Jakobsdóttir von Hörgsland in Síða denken, die langjährige Gemeindevorsteherin in der Gemeinde Skaftá. Sie hat sich immer für den Naturschutz eingesetzt und musste sich von ihren Gegnern sehr unschöne Kommentare anhören. Da hieß es gern mal: »Die verdammte Alte verbietet einem alles!«

Das Zusammenleben hier in Skaftártunga ist hart. Der Lebenskampf ist hart. Etwas weiter östlich in Síða sind die Leute schon sanfter, genau wie die Landschaft. Ich habe das Glück, manchmal mit ein paar Männern aus Síða und Landbrot Schafe scheren zu dürfen. Wenn der Arbeitstag beendet ist, sagt man »Danke für den Tag« und umarmt sich. Ich war total baff, als ich das zum ersten Mal miterlebte … ich kann mich nicht erinnern, in Skaftártunga je gesehen zu haben, wie sich Männer in den Armen lagen. Aber bei diesen Kerlen herrscht echte Kameradschaft.

Hier in Tunga steht man lieber rum und schweigt. Und überbietet sich darin, wer am grimmigsten guckt. Man stellt die Nackenhaare auf und bleckt die Zähne, nur so zur Sicherheit. Bei uns gab es schon immer Spannungen, auch vor der Kraftwerkgeschichte. Das ist hier eine Macho-Gesellschaft – man darf keine Schwäche zeigen, sonst wird man niedergemacht.

In Síða gehen die Leute viel geduldiger miteinander um, tolerieren auch Fehler, und es gibt weniger hinterhältiges Gerede.

Ich bin froh, auf einem ziemlich abgelegenen Hof zu leben. Die Entfernung nach Snæbýli ist genau richtig, und der Kontakt zwischen unseren Höfen ist unverbindlich und freundlich. Der einzige Hof im Tal zu sein wäre hingegen schlecht.

Das Zusammenleben hier in der Gegend ist insofern gut, als der Ärger nie tief sitzt. Wenn man etwas braucht, wird einem sofort geholfen. Im Notfall würde jeder einzelne Nachbar mit seinem Hammer auf der Matte stehen … mit Traktor und Werkzeug … allzeit bereit, jeden Hilfesuchenden zu unterstützen.

Schafsuche und Schafabtrieb

Ich war die erste Frau, die auf den Hochlandweiden von Skaftártunga mit einem Quad an der Schafsuche teilgenommen hat. Das war 2004, ein Jahr nachdem ich das Quad bekommen hatte. Es wurde als völlig selbstverständlich angesehen, dass ich mit einem solchen Fahrzeug Schafe zusammentreibe ... dabei ist es körperlich anstrengend, in diesem schwierigen Gelände zu fahren, das sehr weitläufig, steil und von Schluchten durchzogen ist. Ich bekam eine Einweisung, wie jeder andere Anfänger auch, und lernte, die besten Wege für das Quad zu finden.

Hier in der Nachbarschaft bekomme ich nie zu spüren, dass ich etwas nicht kann, weil ich eine Frau bin. Das ist überhaupt kein Thema. Andernorts merke ich eher, dass die Leute sich wundern, was ich als Frau alles schaffe.

Mit dem Quad, sei es auf den Hochlandweiden oder generell, muss man sehr vorsichtig sein und vorausschauend denken. Dabei hilft mir mein Spaß am Fahren, aber es wäre gut gewesen, es schon als Kind zu lernen, denn es ist eine echte Kunst.

Ich war fünfzehn, als ich zum ersten Mal beim Schafabtrieb dabei war, vor fast einem Vierteljahrhundert. Ich ging immer zu Fuß oder ritt, bis ich dann später mit dem Quad fuhr. Es kommt mir vor, als würde ich die Hochlandweiden erst jetzt richtig kennen, so riesig sind sie, die Sommerweiden von Skaftártunga. Bevor ich fünfzehn wurde, war ich nie wirklich in den Bergen gewesen ... nur einmal in Hólaskjól. Es dauert sehr lange, bis man sich auf dieser großen Fläche zurechtfindet.

Natürlich habe ich auch einen Lieblingsort. Der See Hólmsárlón und die Bergkette Svartahnúksfjöll. In diesem See, der bis an den Torfajökull-Gletscher reicht, entspringt der Fluss Hólmsá. Viele kennen die heiße Quelle Strútslaug am Nordende des Sees, in der man baden kann. Eine unvergleichliche Gegend, der See hat eine wunderschöne Farbe, die sich verändert, je nachdem, wie viel Gletscherwasser sich darin befindet. Mal ist er himmelblau, mal grün, mal rotbraun. Fantastisch.

Ich neige dazu, mich durch die Landschaft vom Schafetreiben ablenken zu lassen. Dann juckt es mich schon mal in den Fingern, auf einen Hügel zu klettern und die Aussicht zu genießen. »Kommst du, Heiða?«, höre ich dann im Funkgerät und muss mich irgendwie rausreden: »War da eigentlich letztes Jahr auch schon so viel Wasser?«

Bei der letzten Suche kann man sich besser orientieren und hat mehr Leerlauf, um die Landschaft zu genießen. Dann sind nur noch wenige Schafe übrig, und man hat meistens mehr Zeit. Außerdem kann man abends leichter nach Hause fahren. Ich schlafe nicht gern mit zwanzig Leuten in der Hütte. Es ist nicht so mein Ding, mit einer großen Gruppe in einer Berghütte zu übernachten, selbst wenn ich die Leute mag. Ich habe lieber etwas Privatsphäre, sitze abends gern zu Hause im gemütlichen Sessel, habe gern meine eigene Dusche und mein eigenes Bett. Zumal es einem auch ein bisschen albern vorkommt, quasi auf seiner eigenen Wiese zu campen. Von der Hütte ist es nicht weit bis nach Ljótarstaðir, etwa dreißig Kilometer, allerdings schlecht zu fahren.

Dieses Jahr war es toll, weil meine Schwester Ásta dabei war. Sie war 1977 die erste Frau beim Schafabtrieb, zusammen mit Habba von Snæbýli. Ásta hat seit vierunddreißig Jahren nicht mehr mitgemacht, seit ihr erstes Kind zur Welt kam. Es hat richtig Spaß gemacht, zu sehen, wie sie es genoss, zumal wir wahnsinniges Glück mit dem Wetter hatten. Als wären wir im sonnigen Süden.

Bei gutem Wetter ist alles viel leichter. Wesentlich weniger Stress als bei Regen und Sturm. Wenn es richtig schüttet, ist der Schafabtriebschnupfen vorprogrammiert. Auf dem Quad bekommt man den Regen frontal ins Gesicht, es regnet einem in den Kragen, und kein Regenzeug hält die Feuchtigkeit ab, sodass man ständig einen nassen Hintern hat.

Das Gebiet dort oben ist regenreich und oft neblig. Manchmal können wir einen halben oder ganzen Tag nichts machen, weil die Sicht so schlecht ist, dass die Treiber nicht sehen können, wohin die Schafe laufen. Wenn es irgendwie geht, versuchen wir aber immer, durchzuhalten. Es ist wichtig, dass wir bis freitags viel geschafft haben, damit wir den Schafabtrieb am Wochenende abschließen können. Da kommen dann sehr viele Leute, jedes Jahr dieselben, die am Wochenende mithelfen wollen. Gott sei Dank, denn das Schafesortieren ist eine Knochenarbeit. Wenn wir Bauern das allein machen müssten, würden wir ewig brauchen.

Inzwischen beginnen wir meistens schon einen Tag früher, damit wir einen zusätzlichen Zeitpuffer haben. Aber bei dichtem Nebel einen ganzen Tag in der Hütte zu verbringen ist total langweilig. Absolute Zeitverschwendung, da dreht man fast durch … wenn man nur rumhängt und in den Nebel starrt.

Fünf- bis sechstausend Schafe müssen zurück ins Tal getrieben werden. Ein Teil von ihnen ist schon von selbst aus den Bergen heruntergewandert, sodass noch etwa fünftausend Stück übrig sind. Wir haben hier eines der größten Hochlandweidegebiete und müssen alles durchkämmen, um sicherzustellen, dass es wirklich leer ist. Wir treiben in den Fögrufjöll-Bergen zwischen dem Hochlandsee Langisjór und dem Fluss Skaftá, die im Osten bis zum Vatnajökull reichen. Im Norden wird das Gebiet

142

vom Fluss Tungnaá abgegrenzt und im Westen von der Grenz-
linie zwischen Skaftártunga und Landsveit, es reicht bis zum
Torfajökull und zur Hólmsá. Auf den tiefer gelegenen Weideflächen von Ljótarstaðir und Búland wird auch abgetrieben, die
sind nicht eingezäunt.

Für mich ist es normal, beim Schafabtrieb mitzumachen ... es
macht Spaß ... eine schöne Sache, aber auch nichts Besonderes.
Nicht besser und nicht schlechter als jede andere Schufterei.
Der Schafabtrieb ist notwendig für unser Auskommen, die
Schafe sind darauf angewiesen, in diesem Gebiet zu grasen.

Im Herbst müssen wir Nachbarn zusammenhalten. Auch wenn
zwischendurch über alles Mögliche gestritten wird, im Herbst
müssen alle solidarisch sein, sich wieder vertragen und mit
anpacken. Und das ist uns bisher auch immer gelungen.

Diesmal haben wieder Jugendliche mitgeholfen. Mit denen
kann man sehr gut arbeiten, sie sind tüchtig, legen sich richtig
ins Zeug und lernen auch viel. Wir Erwachsenen tragen die
Verantwortung, dass die Jugendlichen mit Spaß bei der Sache
sind und nicht in alte Feindseligkeiten hineingezogen werden.
Wir müssen uns darüber bewusst sein, dass wir eine Vorbild-
funktion haben. Ich habe schon immer gern Verantwortung
für Jüngere übernommen und mag Teenager, weil sie gute
Stimmung verbreiten. Ich liebe gute Stimmung, nicht nur beim
Schafabtrieb, sondern grundsätzlich. Im Alter kann man noch
lange genug sauertöpfisch sein!

Der Schafabtrieb ist anstrengend, aber unsere Mannschaft ist
äußerst zäh. Die Tage sind lang, mit viel Lauferei, steile Hänge,
viele Kluften und Schluchten. Eine große körperliche Belastung für die Treiber, die zu Fuß gehen. Die Schafe sind genauso
zäh wie sie ... und störrisch. Wobei die Schafe je nach Region
unterschiedlich brav sind, kommt ganz auf das Terrain an.

Unser Terrain lädt zu Unartigkeiten ein, es gibt nämlich sehr viele Fluchtwege und gute Gelegenheiten zum Entwischen. Die Tiere lernen, dass sie entwischen können ... wir Bauern hier in der Gegend besitzen alle ein paar Schlitzohren und Rennsemmeln. Im Þistilfjörður, wo ich ein paar Mal Schafe zusammengetrieben habe, verhalten die Tiere sich völlig anders. Dort kann man sie zum Beispiel nicht durchs Wasser treiben. Wenn sie einen Bach sehen, machen sie einfach kehrt. Dort gilt es als große Überraschung, wenn ein Schaf freiwillig durchs Wasser läuft, während die Schafe bei uns jeden Tag durch Flüsse und Bäche getrieben werden. Ich hatte viel Spaß beim Schafabtrieb im Þistilfjörður mit Pferd und Hund. Der Abtrieb dort ist kürzer und leichter als bei uns.

Meine Hunde nehme ich nicht mit, weil sie es nicht gewohnt sind, auf dem Quad mitzufahren, aber Hunde sind beim Schafabtrieb natürlich unersetzlich. Ella hat zwei Hündinnen, Border Collies, die sie auf dem Quad mitnimmt. Dieses Gespann ist ein toller Anblick. Die Hündinnen sitzen in einer offenen Box hinten auf dem Quad, auf einer Matte, damit sie Halt haben. Und krallen sich einfach fest. Wenn es richtig zur Sache geht, setzt Ella sie ab. Natürlich muss man auf die Hunde Rücksicht nehmen, man darf nicht wie ein Irrer mit ihnen über die Wiese rasen. Ellas Hündinnen sind eine große Hilfe, weil man sie die Hänge hochschicken kann. Wir haben hier in der Gegend das Glück, dass Jón Geir von Gröf Hunde züchtet und ausbildet ... deshalb haben wir gute Hütehunde. Die Zeiten, als noch alle ihre Hunde mitbrachten, ob sie nun nützlich waren oder nicht, sind allerdings vorbei. Die armen Tiere wurden auch nicht gut behandelt ... mussten nachts draußen schlafen. Heutzutage haben wir beim Schaftrieb nur ausgebildete Hütehunde dabei, und die schlafen drinnen.

Ellas alte Píla schläft mit bei uns in der Koje. Es ist gemütlich und beruhigend, sie abends zu streicheln. Píla soll eigentlich am Fußende bleiben, aber sie drängelt sich immer nach oben. Irgendwann liegt sie zwischen uns und schiebt die eine mit den Beinen und die andere mit dem Rücken zur Seite, sodass wir an den Rand gedrängt werden und die Hündin mitten im Bett liegt. Sie fühlt sich wohl, und wir drei kommen in der Koje ganz gut miteinander aus.

* * *

Ich trage immer Gummischuhe, inzwischen auch beim Schafabtrieb ... außer wenn es richtig schüttet oder schweinekalt ist oder beim Ausmisten. Ich besitze zwar Wanderschuhe, die ich früher bei längeren Strecken auch anzog, aber als ich mit den Nebenwirkungen von diesem Medikament, dieser Hormonspritze, zu kämpfen hatte, bevor mir klar wurde, warum ich immer so schlapp war, da fehlte mir die Kraft, die Füße in den schweren Wanderschuhen anzuheben, sodass ich immer stolperte. Außerdem hatte ich ständig Gliederschmerzen, meine Fußknöchel und Gelenke taten weh, und ich konnte es nicht ertragen, wenn die Schuhe drückten. Deshalb trug ich Gummischuhe. Heute laufe ich immer damit, bei sämtlichen Touren mit meiner Wandergruppe, einfach überall. Nur im Spätherbst ziehe ich Wanderschuhe oder Stiefel an, bei der letzten Schafsuche zum Beispiel ... wenn es verschneit oder vereist ist oder der Boden gefroren sein kann. In solchen Situationen, wenn es sehr glatt wird, sind Gummischuhe doch ein ziemlich gefährliches Schuhwerk.

* * *

In diesem Herbst ging an dem Tag, bevor ich ins Hochland musste, auf dem Hof alles drunter und drüber. In der Nacht zum Montag wollte ich los, um nicht länger als nötig in der Hütte schlafen zu müssen, doch dann verstopfte am Sonntagmittag in der Küche der Abfluss. Das war schrecklich, denn freitags, wenn wir die Schafe aus den Bergen runterbringen, kommen jede Menge Leute nach Ljótarstaðir zum Helfen, Essen und Kaffeetrinken. Dann geht es das ganze Wochenende hoch her, dieses Jahr übernachteten neunzehn Leute bei uns.

Siggeir kam sofort angerast wie die Feuerwehr, und wir rissen fast die komplette Terrasse am Haus auf. Dann gruben wir acht Meter tief und holten die Rohre heraus. Doch als es dunkel wurde, war immer noch alles verstopft.

Am Montag fuhr ich zum Schafabtrieb, am Dienstag wurde ich abgelöst, und mein Nachbar Palli übernahm das Quad.

Am Dienstag machten Siggeir und ich weiter, bis wir die verstopfte Stelle fanden, reinigten das Rohr, setzten es wieder zusammen, schaufelten das Loch zu und erneuerten die Terrasse. Gut möglich, dass dieses verstopfte Rohr auf meine Kappe geht ... als ich damals die Drainage gelegt und die Sockeldämmung gemacht habe. Wahrscheinlich habe ich beim Zuschaufeln nicht richtig auf die Neigung des Abflussrohrs geachtet.

* * *

Das schöne Wetter hat sich bis Freitag gehalten. Eigentlich war es schon fast zu heiß, als wir die Schafe das letzte Stück nach Hause trieben, was wirklich eine Ausnahme ist. Wundervoll, diese Sonne und Wärme, und man trifft Freunde und Verwandte, die man nicht allzu oft sieht. Bei uns am Sammelpferch kommen dreißig bis vierzig Leute zusammen, und die Kinder haben einen Heidenspaß. Im Haus wird ein Kaffeetisch aufgebaut, am Pferch gibt's Bier, und man achtet darauf, dass alle gut versorgt sind.

Beim Essen wird es voll, um die zwanzig Mann, sobald die Schafe am Hof angekommen sind, bevor das Sortieren losgeht. Gegessen wird in Schichten. Mama kocht Lammfleisch, das Valur von Úthlíð selbst geräuchert hat ... das beste überhaupt, und dazu frisch geerntete Kartoffeln aus unserem Garten. Zum Nachtisch gibt es Eis, massenweise Süßkram und immer Cognac.

Alle freuen sich darauf, am nächsten Tag zum Sammelpferch nach Gröf zu fahren und am Abend zum Fest ins Gemeindehaus. In den zwei Nächten schläft hier bei uns auf dem Hof in jeder Ecke jemand, in den Betten, auf Matratzen auf dem Boden, unter dem Küchentisch, einfach überall.

Der Bauernhof und
der Kampf um das Land

Wir dürfen nicht vergessen, dass ein Bauernhof nicht nur ein Unternehmen, sondern auch eine Zufluchtsstätte und ein Erholungsort ist. Ich lebe auf einem Familiensitz und habe gewisse Pflichten. Alle, deren Wurzeln in Ljótarstaðir liegen, können jederzeit herkommen. Sie sollen spüren, dass sie hier willkommen sind. Es ist eine verantwortungsvolle Aufgabe, an einem solchen Ort zu wohnen, ihn zu hegen und zu pflegen.
Viele Menschen haben eine historische Verbindung zu dem Hof und möchten ihn besuchen. Letzten Sommer kamen Nachkommen isländischer Auswanderer aus Kanada und waren trotz des Regens überglücklich, den Hof sehen zu dürfen. Nächsten Sommer findet sogar ein großes Familientreffen statt.
Wenn also jemand sich dieses Land einverleiben will, mit allen Folgen, darf man nicht vergessen, dass es sich nicht nur um irgendeine Firma handelt, sondern auch um einen Familiensitz, ein Zuhause, einen privaten Bereich.
Und wenn der einzigen Person, die das Ganze am Laufen hält, immer wieder Knüppel zwischen die Beine geworfen werden, ist das eine wahnsinnige Belastung. Alles beruht darauf, dass diese eine Person gesund bleibt, alles organisiert, die zahlreichen Aufgaben jeweils zur richtigen Zeit erledigt, sich um das Wohlergehen der Tiere und des gesamten Hofs kümmert.
Die Suðurorka-Leute tangiert das nicht. Sie müssen nicht, so wie ich, zusätzlich zu ihrer Arbeit noch an Besprechungen teil-

nehmen, teilweise jede Woche. Sie müssen nicht verzweifeln, weil ihnen womöglich ihr Land weggenommen wird. Oder miterleben, wie ihre Nachbarn ihnen den Rücken zukehren, wenn sie vorbeifahren. Wegen eines Zerwürfnisses, das unmittelbar mit dem Staudammprojekt zu tun hat.

Dieses Spiel ist einfach ungerecht. Auf der einen Seite stehen die Mitarbeiter einer Firma, die daran arbeitet, das Projekt umzusetzen. Teil ihrer Arbeit ist es, sich mit dem Angelverein zu treffen. Die Arbeit des Geschäftsführers besteht darin, hier in Skaftártunga die Untersuchungen mitzuverfolgen, E-Mails zu verschicken und im Althing rumzusitzen, wo die Suðurorka-Leute ein- und ausgehen. Ihre Arbeit besteht darin, den Fachausschüssen für den Rahmenplan das Leben schwer zu machen und deren Mitgliedern, wenn es sein muss, zu drohen. Die Projektleitung für die Umsetzung des Rahmenplans bekam zum Beispiel einen Brief, in dem verlangt wurde, Þóra Ellen Þórhallsdóttir dürfe nicht weiter über das Búland-Kraftwerk reden, weil sie befangen sei. All das machen die Suðurorka-Leute während ihrer Arbeitszeit bei vollem Gehalt.

Auf der anderen Seite stehe ich. Ich verteidige mein Zuhause, meinen Betrieb, die Zufluchtsstätte von Leuten aus Nah und Fern. Das tue ich zusätzlich zu meiner Vollzeitstelle, die meistens ohnehin schon viel mehr ist als das. Die Telefonate, die E-Mails, die Artikel und Reden, die Kandidatur für den Gemeinderat, die Meetings, die Vorstandsarbeit für den Vatnajökull-Nationalpark – all das mache ich zusätzlich zu meiner Vollzeitarbeit als Schafbäuerin und Trächtigkeitskontrolleurin. Für meine öffentlichen Ämter bekomme ich geringfügige Vergütungen, die sehr niedrig sind angesichts der Zeit, die dafür draufgeht, nicht zu vergessen die Fahrtzeit zu den Besprechungen. Schon allein deshalb ist dieser Kampf ungerecht.

Falls das alles noch jahrelang so weitergeht und womöglich

Klagen und Prozesse in Brüssel nach sich zieht, ist es durchaus möglich, dass man daran zerbricht. Zum Glück habe ich bisher sehr viel Unterstützung bekommen, von Verwandten und Freunden, aus allen möglichen Bereichen der Gesellschaft, von Naturschutzverbänden.

Wissenschaftler hielten es immer für absurd, sich mit Kraftwerkprojekten an die Skaftá heranzuwagen ... wegen der gigantischen Umweltzerstörung und den heftigen Erosionsschäden, zusätzlich zu der bereits bestehenden Bodenerosion. Vielleicht war unser Kampf unnötig. Vielleicht haben wir zu viel Energie an etwas verschwendet, das ohnehin nie Realität geworden wäre. Man weiß es nicht.

Doch nun ist der Schaden geschehen. Unsere innere Ruhe wurde gestört. Nachbarn, Freunde, Verwandte, Kollegen wurden gegeneinander aufgehetzt.

Jahrelang hat mich der Gedanke belastet: Was, wenn mein Land für das Búland-Kraftwerk enteignet wird? Dann würden die Weideflächen stark beschnitten, und die sind jetzt schon voll ausgelastet. Ich könnte es nicht ertragen, weiter hier herumzulaufen, nachdem der See gestaut wäre – unvorstellbar, der Anblick dieser Dreckspfütze mitten in der grünen Landschaft, nachdem Suðurorka sich den Fluss unter den Nagel gerissen hätte.

Wegen meiner Panik vor der Enteignung gaben mir viele Menschen, die es gut mit mir meinen, besonders ältere, zu bedenken, ob es nicht besser wäre, zu verhandeln und klein beizugeben, um wenigstens etwas abzubekommen. Diese Menschen waren der festen Überzeugung, dass es am Ende so kommen würde. Das Drohen mit der Enteignung ist schlimm. Eine grauenhafte Vorstellung, dass es möglich sein könnte, einem alles zu nehmen, wofür man steht.

Wenn man so mit mir umgehen würde, wenn man mir das

Land wirklich wegnähme – was durchaus in der Luft lag –, würde ich mit der Abrissbirne die Wände einschlagen und mich aus dem Staub machen. Ich würde diesen Ort als unbewohnbar ansehen, und diese Gesellschaft auch.

* * *

Genauso unerträglich bei diesem ganzen Theater wegen des Kraftwerks ist, dass ständig überall Leute herumlaufen, am Fluss, auf meinem Land, Leute, die hergekommen sind, weil sie das Land zerstören wollen, um damit Geld zu verdienen. Ich weiß, dass sie durch den Fluss waten, die Gänse aufschrecken und meine Schafe stören.

Sie dürfen sich dort frei bewegen. Und ich, die ich hier wohne, die Landbesitzerin, habe keine Befugnis, sie zu vertreiben.

Da fragt man sich doch: Wie kommt es, dass der Bauträger immer ausgerechnet dann auftaucht, wenn gerade irgendwelche Untersuchungen stattfinden, seien es Strömungsmessungen oder archäologische Forschungen? Unfassbar, das zu beobachten.

Außerdem ist es skandalös, dass der Bauträger die Untersuchungen bezahlt und Umweltgutachten in Auftrag gibt. Es waren schon sehr kompetente Fachleute hier, Ornithologen zum Beispiel. Die habe ich gebeten, doch bitte einen Riesenalk zu finden, was sie sehr witzig fanden. Die Fachleute sind großartig, die kritisiere ich gar nicht. Aber kann man denn beruhigt sein, wenn der Bauträger sie beaufsichtigt? Und diese Vorgehensweise, dass er die Untersuchungen finanziert, die Ingenieurbüros auswählt – das kann doch nicht normal und richtig sein!

Heiða als Rednerin

Die Landwirtschaft liegt mir am Herzen, genau wie der Naturschutz. Diese beiden Dinge sind für mich untrennbar miteinander verbunden, denn der Landwirt ist von der Natur abhängig und hat meiner Ansicht nach mehr als andere Berufsgruppen die Pflicht, sie mit allen Mitteln zu schützen und zu verteidigen.

* * *

Das Vorgehen der Energiebranche ist äußerst gefährlich für die ländlichen Gemeinden und entzweit deren Bewohner. Viele Bauern verlieren den Mut. Bauern, die sich gegen Kraftwerkprojekte stellen, müssen sich ständig anhören, sie stünden dem Fortschritt im Weg und würden verhindern, dass ihr Nachbar sein Land nutzbar machen kann.

Natürlich haben das einige Bauern getan, haben ihr Land oder Teile davon verkauft. Aber niemand kann Land besitzen, so wie man ein Auto besitzt. Ein Auto ist kurzlebig, man kann damit machen, was man will. Nach meiner Erfahrung kann man Land nicht auf dieselbe Weise besitzen.

Das Land gehört mir nicht. Ich gehöre dem Land. Es birgt eine gewisse Verantwortung, diesem großen Land zu gehören ... und es ist mühsam, es vor den Raubvögeln zu schützen. Sich das Land einfach zu greifen und es zu zerstören ist sehr kurzsichtig. Dazu sind wir nicht befugt ... nach uns geht das Leben weiter. Zumindest gehe ich fest davon aus, dass das Leben weitergeht, wenn ich nicht mehr da bin, auch wenn ich keine Kinder habe.

Ljótarstaðir hat Menschen ernährt – viele, viele Menschen seit dem elften oder zwölften Jahrhundert. Und jetzt ist mir dieses tausend Jahre alte Stück Land für einige Zeit anvertraut worden. Danach kommen andere, die es ernähren wird ... so wie seit jeher ... so wie es stets seine Pflicht erfüllt hat, selbst nach wiederholten Vulkanausbrüchen ... viele, viele Schafe ernährt hat. Und mein Fluss, der Tungufljót, der an meinem Hof vorbeifließt – was wäre Skaftártunga ohne ihn, was wäre mein Hof ohne ihn? Alle Kinder, die je den Sommer hier verbrachten, haben an diesem Fluss gespielt. Und den wollen sie einkassieren, diese hohen Herrschaften.

Schafsuche und Schafabtrieb.
Fortsetzung

Am Samstag, am Morgen des Sortiertags, müssen alle Schafe, die noch frei herumstreifen, außer denen von Snæbýli, mit Traktoren oder Anhängern zum Hauptpferch nach Gröf gebracht werden. Dabei helfen wir uns gegenseitig. Es sind mehrere Hundert Tiere, zwei- bis dreihundert vielleicht. Von mir sind auch immer welche dabei. Diese Schafe werden dann nach Hause gefahren, und die ganze Mannschaft kommt mit nach Ljótarstaðir.

Danach werden die Lämmer von den Mutterschafen getrennt. Die Lämmer dürfen draußen auf der Wiese grasen, und die Mutterschafe kommen über Nacht in den Stall, damit sie sich etwas beruhigen. Sie rufen nach ihren Lämmern, die Armen. Das ist nicht schön, aber ich achte darauf, dass die Lämmer ihre Mütter nicht hören können, dann fangen sie einfach an zu grasen.

Zu diesem Zeitpunkt sind schon alle damit beschäftigt, sich für das Fest fertig zu machen. Das findet in Tungusel statt, unserem Gemeindehaus, und die Stimmung ist immer super. Ich denke, da kommen um die zweihundert Mann.

Am nächsten Tag lasse ich die Mutterschafe wieder raus, mit möglichst einer Wiese Abstand zwischen den Müttern und den Lämmern, damit sie nicht zueinander gelangen können. Für die Schafe ist das natürlich hart und traurig.

Im Herbst dreht sich alles um Schafe. Es gibt weitere Abtriebe, die erste, zweite und dritte Suche, und überall werden Schafe abgeholt. Es wird gewogen, sortiert, getauscht, zum Schlachthof gebracht. Die Monate September und Oktober sind komplett davon bestimmt. Und dann kommt die Schur. Für mich dauert der Herbst bis in den November.

Schafschur

Im November, nach dem Schafabtrieb und dem Schlachten, bereite ich alles vor, ehe die Schafe in den Stall kommen, bestreue den Boden mit Sand und schere die Tiere für den Winter. Die jüngsten Mutterschafe schere ich im Oktober, November und bin in der Regel Mitte November fertig. Wenn ich allein arbeite, schere ich sechzig bis siebzig Schafe am Tag, aber wenn Helfer dabei sind, die einem die Schafe holen und anreichen, schafft man wesentlich mehr.

Es ist ein Traum, wenn ich es hinkriege, alle Schafe zu scheren, die ich am Morgen in den Stall geholt habe, die sind dann wie Marshmallows, trocken und weich. Die Schafe dürfen vor der Schur nicht länger als eine Nacht im Stall verbringen, sonst verdirbt die Wolle und ist nur zweitklassig. Das Wichtigste ist, dass die Wolle nicht feucht oder nass wird und schimmelt.

Beim Scheren geht auch schon mal etwas schief, und es ist natürlich das Schlimmste, was einem passieren kann, dass man dem Tier Schmerzen zufügt. Einmal habe ich einem Jährling eine Zitze abgeschnitten. Dieses Tier lebt noch heute und bekommt meistens zwei Lämmer, von denen ich eins an eine neue Mutter gewöhnen muss. Ein Mutterschaf mit einer Zitze ist ungewöhnlich, aber ich lasse es leben, weil es meine Schuld war und mich mein Gewissen plagt.

Ein paar Jahre lang habe ich als professionelle Schafschererin gearbeitet, das war gut bezahlt und hat den Betrieb unterstützt. Außerdem ist es eine tolle Arbeit ... das versteht man nur, wenn

man es mal gemacht hat … dieser Moment, wenn die Schermaschine angeht und die Wolle zu Boden fällt.

Jeden Herbst juckt es mich in den Fingern, wieder beruflich
Schafe zu scheren. Diesen Job machen nur wenige Frauen, jedenfalls in Island. Meine Schwester Ásta hat es gemacht und
war mein Vorbild. Doch dass ich auch scheren wollte und sogar Spaß daran hatte und gut darin war, wurde von manchen
falsch aufgefasst. Ich habe durchaus mitbekommen, dass mir
das berufliche Scheren, ganz zu schweigen von meiner gelegentlichen Teilnahme an Wettkämpfen, als Geltungssucht aus-
gelegt wurde. Es kommt tatsächlich vor, dass man mir das
vorwirft. Anscheinend provoziere ich manche Menschen unabsichtlich. Zu meiner angeblichen Geltungssucht kann ich nur
sagen, dass ich Höllenqualen litt, als ich mal im Organisations-
team für das alljährliche Winterfest þorrablót war, bei dem die
ganze Gemeinde sich zu traditionellen Speisen trifft und Sket-
che aufgeführt und Gedichte rezitiert werden … ich sollte an
dem Abend nämlich auf der Bühne auftreten.

* * *

Elektrische Scheren gibt es bei uns seit ungefähr 1980.
Nur ein kleiner Teil der Schafe wurde in der zweiten Winter-
hälfte damit geschoren, die meisten im Sommer mit Handsche-
ren. Papa mühte sich auch mit der elektrischen Schere ab, und
Mama half ihm, aber er hatte keinen Lehrgang besucht, und
das Ergebnis war, gelinde gesagt, furchtbar.

Zu meiner Teenagerzeit war Ásta beim Scheren ein echter Profi
und hat auf anderen Höfen und manchmal auch zu Hause
geschoren. Kurz vor meinem zwanzigsten Geburtstag wurde
unser Schafstall mit Wellblech verkleidet und isoliert. Wie so
häufig, war das Siggeirs Werk. Danach wurde im Herbst immer

drinnen geschoren, und ich machte es bei uns auf dem Hof zum ersten Mal im Jahr 2000, als ich auf die Landwirtschaftsschule ging.

Im Frühling nach meinem Scherkurs kratzte ich Geld für eine Schafschermaschine zusammen, und die läuft immer noch wie ein Uhrwerk und hat sozusagen schon jede Menge Fell auf dem Buckel. Ich hatte sofort Spaß an der Sache und wollte die richtigen Handgriffe lernen. Fest entschlossen, meine Schafe selbst zu scheren, und dabei immer im Hinterkopf, besser zu werden. Im Jahr darauf arbeitete ich als Anreicherin, legte also dem Scherer die Schafe hin, und als Scherablösung für meine Kollegen Ingi in Snæbýli und Gísli in Búland ... ich klapperte mit ihnen die Höfe ab, fuhr manchmal auch allein. Meine erste große Tour war im Frühjahr 2005 und meine letzte Saison im Herbst 2008. Ich arbeitete oft mit meinem Freund Helgi Haukur zusammen ... es ist lustiger, wenn man nicht immer allein ist. Bei uns ging es oft hoch her, und wir alberten viel herum. Auf einem Hof steckte er mich mal in einen Sack mit Wolle. Das zahle ich ihm irgendwann heim. Seit ich es nicht mehr beruflich mache, schere ich nur noch zu Hause und zum Spaß auch schon mal auf dem einen oder anderen Hof bei netten Leuten.

In den letzten Jahren habe ich mehrmals Scherkurse bei britischen Lehrern absolviert, sowohl in Island als auch in Schottland, um meine Technik zu verbessern. Aber ich will das nicht wieder beruflich machen, es ist einfach nur mein Hobby.

* * *

2015 fuhr ich nach Schottland und England, um an Schafschurwettbewerben teilzunehmen. Meine Hauptmitstreiter aus Island waren Hafliði, Bauer in Fossárdalur im Berufjörður, und seine Frau Guðný Gréta. Sie sind beide passionierte Landwirte und haben sich auf der Landwirtschaftlichen Hochschule in Hvanneyri kennengelernt. Guðný Gréta ist auf dem Hof aufgewachsen, und Hafliði stammt aus dem Bezirk Hérað. Fossárdalur ist ein wunderschöner Hof in einer Berglandschaft, wie man sie in Ostisland gar nicht erwarten würde. Außerdem waren bei der Reise noch Julio, mehrfacher Islandmeister, und seine Frau Lilja von Hávarðsstaðir in Leirársveit dabei … und nicht zu vergessen meine Nichte Arndís, die Tochter meiner Schwester Stella.

Ein Schafschurwettkampf ist kein Kinderspiel. Es wird sogar darüber diskutiert, ob man diese Disziplin bei den Olympischen Spielen aufnehmen soll. Überall, wo ich im Ausland war, sind die Schurställe normiert, beispielsweise in Schottland. Da gibt es exakt ausgemessene Tore und Verschläge, alles in der passenden Höhe, und die Schermaschine hängt genau an der richtigen Stelle. Solche Bedingungen haben wir in Island nicht.

An dem Wettbewerb in Yorkshire nahmen sehr viele talentierte Scherer teil, und es ist fantastisch, bei den Besten zuzuschauen. Diese Schnelligkeit und Geschicklichkeit, die brauchen für jedes Schaf weit unter einer Minute. Professionelle Schafscherer sind körperlich topfit. Neben dem eigentlichen Scheren trainieren sie auch. Das sind Leistungssportler auf Weltniveau.

Und man arbeitet mit einem lebendigen Tier. Es werden sehr hohe Strafen verhängt, wenn man dem Schaf wehtut … es schneidet oder verletzt.

Das Scheren geht umso leichter von der Hand, je besser sich das Tier fühlt – das liegt in der Natur der Sache. Wenn es sich wohlfühlt, zappelt es weniger. Alles hängt davon ab, dass sich das Tier möglichst ruhig verhält.

Bei diesen Wettbewerben toben und schreien die Zuschauer und feuern ihre Favoriten an. Die Stimme des Sprechers überschlägt sich fast vor Begeisterung. Vor Kurzem hat Scott, ein Ire aus Donegal, den Schnelligkeitsweltrekord gebrochen, er schor ein Schaf in 37,9 Sekunden.

Eine andere Prüfung zielt darauf ab, in neun Stunden möglichst viele Lämmer eines bestimmten Alters zu scheren. Oder möglichst viele in acht oder zehn Stunden. Die besten Wettkampfteilnehmer schaffen in einer solchen Zeitspanne über siebenhundert Lämmer.

Motorenfimmel

Es war ein Riesenfortschritt, das Quad zu bekommen, eine wahnsinnige Zeitersparnis, alle möglichen Wege damit zurücklegen zu können, bei der Arbeit mit den Schafen und beim Zäunekontrollieren, da hätte man sonst laufen oder den langsamen Traktor nehmen müssen. Für jemanden wie mich, der immer allein mit den Schafen arbeitet, ist das Quad das wichtigste Gerät auf dem Hof. Abgesehen davon macht es mir einfach Spaß ... ich habe einen unheilbaren Motorenfimmel. Mein Traum wäre ein Motorrad. Und natürlich ein Sportwagen. Diesen Fimmel habe ich schon lange, und er scheint nicht gerade besser zu werden. Ich wollte schon immer unbedingt einen zweisitzigen Mercedes haben und ein Motorrad, das wäre das Größte. Beides passt aber leider nicht in mein Budget, deshalb dämmert es mir allmählich, dass ich wohl ein paar Begleiterscheinungen in Kauf nehmen muss, wenn ich solche Luxus-Gefährte zur Verfügung haben möchte. Höchste Zeit also, zu den Waffen einer Frau zu greifen, schließlich wird man nicht jünger.

Erhöht das Alter auch die Chance nicht
versuchen werd ich's im Dämmerlicht
ich geh auf die Piste
hab 'nen Kerl auf der Liste
mit Moped und silbernem Benz.

Schafe im Herbst

Schafe besitzen kein Mitgefühl. Das sieht man zum Beispiel daran, wie brutal Mutterschafe die Lämmer anderer Mütter zur Seite treten. Wenn ein Schaf ein gebrochenes Bein hat oder krank ist, läuft es Gefahr, zertrampelt zu werden. Das ist bei Pferden völlig anders ... sie weichen aus, wenn kleinere Tiere wie Hundewelpen um sie herumlaufen.

Aber vielleicht ist es gar nicht so schlecht, dass Schafe weniger empfindsam sind – so wie man mit ihnen umgeht. Jedes Frühjahr müssen sie Lämmer bekommen, die ihnen im Herbst wieder weggenommen werden.

Es ist keine schöne Zeit, wenn die Lämmer von ihren Müttern getrennt werden. Man muss darauf achten, dass die Lämmer außer Hörweite der Mutterschafe sind. Deshalb sperre ich die Lämmer am Anfang ein. Meistens dauert es etwa fünf Tage, bis die Trennung vollzogen ist, wobei die Mutterschafe und Lämmer individuell sehr unterschiedlich reagieren. Manche Lämmer blöken nur ein- oder zweimal und denken dann: Na gut, jetzt ist sie weg! Andere kleben am Zaun und suchen und suchen. Dasselbe gilt für die Mütter. Manche sind verzweifelt und suchen ihre Lämmer noch längere Zeit, andere nicht.

Wie dem auch sei, die Lämmer werden im September langsam erwachsen und sind bereit für die Trennung. Beim ersten Schneefall im Herbst kann es vorkommen, dass die Mutterschafe nach Hause wandern und die Lämmer im Hochland zurücklassen. Das würden sie im Juli niemals tun.

Die richtigen Tiere für die Zucht auszuwählen ist eine knifflige

Sache. Man versucht immer, die besten weiblichen Lämmer zu nehmen, und achtet auf die Abstammung.

Mitansehen zu müssen, wie die Schafe ins Schlachthaus kommen, ist immer schwer, besonders bei den alten Schafen, die neunjährig oder älter sind. Sie werden auch fachmännisch geschlachtet, obwohl man nicht mehr viel für sie bekommt. Es ist ein schwerer Schritt, sie zu verladen, weil sie alt sind und keine Lämmer mehr bekommen können … man kennt sie gut, und sie benehmen sich nicht mehr so idiotisch, während die Jungen oft bis zum dritten, vierten Jahr total verrückt sind. Die alten Schafe sind einfach im Umgang und kennen alles … zum Beispiel alle Gatter. Sie sind brav und vernünftig und wissen, wie die Dinge ablaufen, kennen einen und vertrauen einem. Und dann werden sie getötet. Das ist brutal.

Festliegen

Eine Gefahr für die Herde, vor allem im Herbst, ist das Festliegen. Besonders die Lämmer sind gefährdet … sie sind jetzt groß und fett und haben einen breiten Rücken. Wenn sie nach einem Regenguss wieder trocknen, juckt es sie, und sie kratzen sich und wollen sich wälzen, so wie sie es gemacht haben, als sie klein waren. Und dann liegen sie plötzlich hilflos auf dem Rücken.

Die Raben sind nie weit. Wenn ein Rabe ein Lamm oder Schaf erbeutet hat, pickt er ihm manchmal bei lebendigem Leib die Augen aus, und es kann durch die Augenhöhlen ausbluten. Oder er pickt ein Loch in den Bauch. Dann gärt es in der Bauchhöhle, und das Tier ist nicht mehr zu retten, bekommt hohes Fieber und eine Bauchfellentzündung. Ich habe mal versucht, einem Lamm, dem das passiert war, eine große Dosis Penicillin zu verabreichen, aber es brachte nichts, und ich habe es verloren.

Als ich letztens im *Gastgeber* oder einer anderen dieser hippen Zeitschriften ein Foto sah, auf dem über dem Kopfende eines Ehebetts Scherenschnitte von zwei Raben hingen, war das für mich ein Symbol dafür, wie weit die Menschen sich von ihrem Ursprung entfernt haben. Der eine Rabe setzt mit ausgefahrenen Krallen zur Landung an, und der andere kreist in Erwartung der Beute.

Bei solchen Bildern habe ich ganz andere Assoziation als andere Leute … ich würde niemals unter einer Abbildung von Vögeln mit einer derart bedrohlichen Ausstrahlung schlafen …

da bekäme ich Albträume, in denen mir das Viech die Augen auspickt.

An dem Tag, als ich das Foto gesehen hatte, war ich mit Ella beim Schafabtrieb. Ich war so geschockt, dass ich mich den ganzen Tag darüber ausließ ... über diese Hipster, die friedlich mit ihren Kindern unter den ausgefahrenen Krallen eines Raben schlafen.

Vorfall beim Schafabtriebsfest

Mein Onkel Sverrir hat eine Ode an Skaftártunga gedichtet, unser Heimatlied hier in der Gegend, das bei vielen
Festen gesungen wird, so auch beim Schafabtrieb. Eine Strophe
lautet:

Bäche vielerorts die Landschaft queren
der Tungufljót gewaltig fließt
die Lichter in den Heimen mehren
das helle Haus die Maid genießt.

Das Schafabtriebsfest stand bevor, und der Suðurorka-
Mann war wieder einmal vor Ort. Er hatte kurz zuvor einen
Artikel geschrieben, in dem er diese Zeilen auf die Großindustrie ummünzte. Dabei geht es in Sverrirs Strophe natürlich um
etwas ganz anderes und wesentlich Harmloseres, um den Bau
kleiner Stromaggregate für einzelne Höfe – eine Errungen-
schaft, in der die Leute aus meiner Gegend bedeutende Pio-
niere waren. Solche Verballhornungen trugen nicht gerade zur
Beliebtheit des werten Herrn Suðurorka bei.
Alle waren gut drauf und in Feierlaune ... das Fest würde gleich
anfangen, und ich stand noch unter Adrenalin nach der großen
Anstrengung in den Bergen und im Sortierpferch. Ich war hit-
ziger als sonst, weil ich Alkohol getrunken hatte.
Wir stehen also in Borgarfell im Schafstall. Ein nagelneues,
schickes Gebäude, in dem am Abend nach dem Sortieren kräftig gefeiert und zum Akkordeon gesungen wird. Wir stehen im

Mittelgang, zwischen den Verschlägen für die Schafe, und ich lache und albere mit Fanney und meinen Freunden herum. Dann wird unser Heimatlied angestimmt, und als es zu Ende ist, will der Suðurorka-Mann, dass es noch mal gesungen wird … dieser Scheißkerl, der das Lied überhaupt nicht singen dürfte. Ich singe nicht mit, Wut steigt in mir hoch – wie bei einer Figur in einem Zeichentrickfilm. Ich halte den Mund, bis ich mich nicht länger beherrschen kann und zische: »Ich bringe dieses Schwein um!«

Dann gehe ich gemessenen, schweren Schrittes aus dem Stall. Fanney und meine Freunde mir nach: »Komm zurück! Komm zurück!«

Aber ich marschierte einfach weiter, bis sie mich einholten, mich rechts und links unterhakten und zum Auto zerrten. Ich war so sauer, dass ich nichts mehr sehen konnte … blind vor Wut. Sie drückten meinen Kopf runter und quetschten mich in den Wagen. Eine Zeit lang sagte ich gar nichts. Dann fuhren wir zu dem Fest, ich erholte mich schnell von meinem Anfall, und es wurde noch ein sehr lustiger Abend. Zum Glück kam der Suðurorka-Mann nicht mehr vorbei.

Fanney war erstaunt über den Vorfall, denn ich bin nun wahrlich niemand, der in betrunkenem Zustand herumrandaliert. Aber sie weiß auch, dass ich nie leere Drohungen ausspreche. Wenn sie mich nicht weggezerrt hätten, hätte ich zugeschlagen, und der Kerl wäre kopfüber in der Schafbox gelandet. Was schlecht gewesen wäre. Dann wäre ich jetzt eine Gewalttäterin. Ich bin Fanney und den anderen sehr dankbar, dass sie mich davon abgehalten haben.

Dabei neige ich gar nicht zur Gewalt. Weder randaliere noch kreische oder kotze ich, wenn ich Alkohol getrunken habe. »In meinen Flaschen steckt Heiterkeit.« Ein guter Satz, den Fanney und ich mal in einem Nachruf entdeckten. Aber manche Flaschen sind voller Tränen und Krawall und Wut. Auf einige Menschen hat Alkohol diese Wirkung. Natürlich habe ich schon viele gesehen, die sich im Suff danebenbenehmen, während andere singen und fröhlich sind.

Ich bin keine große Säuferin. Wenn ich feiere, achte ich auf mich ... auf meine Klamotten, dass ich mich nicht zum Affen mache und nicht so viel trinke, dass ich die Kontrolle verliere ... mich blamiere und zum Spottobjekt werde, wie mein alter Vater immer sagte.

Für alberne Späße bin ich mir allerdings nie zu schade, mich huckepack tragen zu lassen und so. Damit muss ich vielleicht langsam mal aufhören, schließlich komme ich ins mittlere Alter ... Aber dass ich stinksauer werde und jemanden abmurksen will – das ist mir nur dieses eine Mal passiert.

Wobei man dazusagen muss, dass ich nicht die Einzige war, die sich über den Suðurorka-Mann aufgeregt hat. Er hatte nämlich einen der Borgarfell-Brüder, der die Leute zum Fest fuhr, gefragt, ob er ihn mitnehmen würde, und der hatte sich geweigert.

Dieses Schafabtriebsfest hatte noch ein anderes Nachspiel, nämlich dass wir zu dritt meinen schlafenden Nachbarn überfielen, in sein Bett sprangen und ihm einen Teelöffel in die Rippen stießen. Und dann lag er da mit uns drei Frauen und einem ausgestopften Widderkopf, den meine Freundinnen sicherheitshalber mitgenommen hatten.

WINTER

Heiða beim Poesietreffen

Ständig wird lamentiert, alle müssten Kinder kriegen, weil man die braucht, um Schulen und Ärztezentren am Laufen zu halten. Auch mir hat man versucht, diese Idee schmackhaft zu machen, als ich jünger war. Und zwar meistens ungefähr so:

Spiel und Spaß und Schlaf
leis und nett und brav
adrett und rein, das Glück allein
so ist's auf kinderreichen Höfen fein.

Doch ich bin weitgereist, habe die Kinder meiner Schwestern miterlebt und halte das hier für eine realistischere Beschreibung:

Bewerfen dich mit 'nem Bauklotz
haben Schnupfen, Läuse, Rotz
stinkefaul sind sie und pampig
saufend, rauchend, schlampig.

2. Dezember 2015

Letzte Nacht war heftiger Schneesturm … überall Glatteis … bei solchem Wetter reißen hier oben schon mal die Stromleitungen, und die Zäune fliegen weg. Ich musste den Jeep freischaufeln, was länger dauerte, als ich dachte, und ich trug nur ein hauchdünnes Stöffchen … keine Wollsocken … die Haare zu Strähnen gefroren … die waren nass gewesen. Denn ich war schon zu spät dran für das Meeting in Kirkjubæjarklaustur.

7. Dezember

Mir war schon ganz mulmig, als ich die Vorhersage hörte, die war extrem schlecht. Und seit heute Morgen spielt das Wetter verrückt. Meine Schafherde weiß zum Glück nichts von ihrer panischen Besitzerin, die nichts essen und nicht schlafen kann. Ich habe keine Angst um mich, sondern darum, dass die Ställe dem Sturm nicht standhalten könnten und die Schafe ungeschützt sind. Das ist meine Angst vor dem Wetter. Viele Bauern sind da ganz anders, die haben selbst bei schlimmstem Unwetter die Ruhe weg.

Ich bin jetzt seit fast einem Monat allein im Haus, weil Mama im Krankenhaus liegt. Aber selbst wenn man allein ist, kann man sich solchen Luxus wie Angst im Dunkeln nicht leisten … denn die reale Bedrohung ist viel größer. Trotzdem ist es schrecklich, im Dunkeln zu sitzen, wenn der Strom ausfällt. Vorhin war er für eine Stunde weg, kam aber Gott sei Dank nach nicht allzu langer Zeit wieder. Es ist übel, wenn man nicht weiß, wann er wiederkommt … obwohl ich eine Taschenlampe und reichlich Kerzen und natürlich Fífill habe.

Als Kind, und auch später noch, bekam ich im Dunkeln immer Beklemmungen. Es ist keine gute Idee, Kindern mit Ungeheuern Angst einzujagen. Diese Angst sitzt tief, aber ich bin mir dessen bewusst und befehle mir, ruhig zu bleiben … daran zu denken, dass es mehr Anlass gibt, sich vor den Lebenden zu fürchten, als vor den Toten.

Jetzt, Anfang Dezember, ist die dunkelste Jahreszeit, aber Ende Februar sind die Tage schon wieder viel länger. Ich habe zwar keine Angst vor dem Winter, bin aber Ende November ziemlich erschöpft und freue mich auf den Januar, wenn ich Zeit habe, mich auszuruhen und Kraft zu tanken für die Herausforderungen im neuen Jahr.

Arbeit gibt es natürlich immer genug. Im Dezember wird besamt und gedeckt, die Weihnachtsvorbereitungen sind auch stressig. Im Februar und März ist dann wieder die Hölle los … sechs Wochen Fötenzählen im ganzen Land, mit aufwendigen Vorbereitungen. Für die Organisation und Zeitplanung muss ich mit zweihundert Höfen Kontakt aufnehmen, außerdem muss ich meine Ausrüstung zusammenstellen, technische Geräte, Desinfektionszeug und meine gesamte Kleidung, inklusive zwölf Arbeitsoveralls.

Was die Dunkelheit angeht, gibt es immerhin zwei Höfe im Tal, und es ist schön, die Lichter von Snæbýli in knapp zwei Kilometern Entfernung zu sehen. Ich fände es unangenehm, die Nachbarn nicht sehen zu können. Zudem ist es sehr beruhigend, die Katze und die Hunde bei sich zu haben. Mein Fífill ist ein Gespensterschreck.

Als ich klein war, gab es hier in Ljótarstaðir noch keine Außenbeleuchtung. Papa war dagegen, das Himmelszelt zu erleuchten, wie er es ausdrückte. Aber ich war anderer Meinung, wie bei den meisten Dingen, und brachte ziemlich bald Lampen an, nachdem ich bestimmen durfte. Draußen habe ich jetzt vernünftige Beleuchtung und kann bei einigermaßen gutem Licht vom Geräteschuppen bis zum obersten Schafstall laufen.

In dem kleinen Durchgang führt ein Zaun bis zur Wand des Schafstalls, und ich kann mich, wenn nötig, am Draht festhalten oder am Zaun stehen bleiben, falls ich bei starkem Wind umzukippen drohe. Ich habe dieses Stück schon kriechend auf allen vieren zurückgelegt, als es besonders heftig stürmte oder glatt war.

Laut Wettervorhersage wird es gegen sieben Uhr am schlimmsten. Seit sechs Uhr stürmt es bereits sehr stark, und die Windböen kommen in Wellen. Gegen elf soll der Wind abflauen und in der Nacht aus südlicher Richtung wieder zunehmen. Wobei die Windrichtung keinen großen Unterschied macht ... bei einer derart schlechten Wetterlage.

Wir hatten hier seit ein paar Jahren nicht mehr so schlimmes Unwetter, aber ich erinnere mich an solche Stürme in meiner Kindheit und Jugend. Seit ich den Hof übernommen habe, war das Wetter meistens richtig gut.

Ich habe telefoniert, kann mich auf nichts konzentrieren und bin rastlos. Ich kriege keinen Bissen runter und wandere wie benommen durchs Haus. Der junge Hund merkt nichts, und der alte ist abgehärtet.

Draußen kann man bei dieser Windstärke nicht mehr aufrecht stehen. Wenn die Wettervorhersage stimmt und es gegen Mitternacht besser wird, gehe ich raus, schmeiße den Trecker an und richte die Scheinwerfer aufs Haus, um dessen Zustand zu kontrollieren. Solange das Wetter verrückt spielt, traue ich Angsthase mich nicht aufs Dach, um nachzuschauen, ob sich etwas gelöst hat. Es ist schon Furcht einflößend genug, überhaupt rauszugehen ... und man kann ohnehin nichts tun, wenn alles wegfliegt.

Vor lauter Anspannung habe ich in der Nacht nur eine halbe Stunde geschlafen und stehe total unter Adrenalin. Nicht gerade intelligent, sich schon im Vorhinein auszupowern ... und dann todmüde zu sein, wenn man im Notfall schnell reagieren muss.

Wenn schlechtes Wetter angesagt ist, muss ich das Füttern gut organisieren. Diesmal ist absehbar, dass man die Ställe zwei Tage lang nicht mehr öffnen kann, bei Sturm kriegt man die großen Türen nämlich nicht auf und kann mit dem Traktor keine Rundballen abladen. Ich habe es geschafft, zweimal zu füttern und überall Heu einzulagern, das sollte also reichen. Es führt kein Weg daran vorbei, zweimal täglich zu füttern und alle drei Tage Heu reinzufahren.

Eigentlich ist hier keine Sturmgegend, aber letzten Winter war es trotzdem ziemlich windig. Dafür fällt hier oben viel Schnee, sodass ich mich oft freischaufeln muss.

Die Schafställe sind alt und nicht allzu robust. Wenn dort etwas einbricht, sind die Schafe in Gefahr. Es handelt sich schließlich um Lebewesen, denen man Respekt entgegenbringen und für deren Wohlergehen man sorgen muss, damit sie nicht leiden oder sich verletzen. Ich habe, wie gesagt, keine Angst um mich, sondern darum, dass das Haus Schaden nimmt oder die Tiere schutzlos sind. Bei derart heftigem Wetter ist der Mensch sehr klein. Mit den Naturgewalten sollte man nicht spaßen.

Doch das wird schon alles irgendwie, auch wenn so manch einer zeitweilig daran zweifelt, wie Halldór Laxness in *Sein eigener Herr* schreibt. Irgendwann werde ich mal in einem stabilen Haus in irgendeiner ländlichen Ortschaft wohnen und keine Verantwortung für fünfhundert Seelen tragen. Das wird toll, dann kann ich jederzeit in den Supermarkt gehen und ein Gewürzdöschen kaufen, wenn mir mal ein Gewürz fehlt.

Ich würde auch gern im Ausland leben. Vielleicht in Großbritannien. Jedenfalls irgendwo, wo was los ist.

* * *

Als ich 1997 auf der weiterführenden Schule in Selfoss war, gab es am 1. November einen heftigen Schneesturm. Wir verloren sechzig Schafe, und die ganze Nachbarschaft hatte große Verluste zu beklagen. Ich nahm mir in der Schule drei Tage frei, um bei der Suche nach den Schafen zu helfen, und fuhr an den darauffolgenden Wochenenden ebenfalls nach Hause. Das Suchgebiet war sehr groß mit schwierigem Gelände ... selbst innerhalb der eingezäunten Weiden gibt es viele Schluchten.

Wir fanden noch drei Wochen nach dem Unwetter Schafe im Schnee, die so lange aus eigener Kraft überlebt hatten. Es ist furchtbar, halbtote und tote Tiere aus dem Schnee zu ziehen. Wirklich schlimm. Und die Stimmung auf dem Hof war deprimierend.

Ich machte mir Vorwürfe, nicht darauf bestanden zu haben, vor meiner Abfahrt nach Selfoss am Sonntag die Schafe reinzuholen. Der Verlust war seelisch schwerer zu verkraften als finanziell, weil man gegenüber den Tieren versagt hatte. Man muss doch auf sie aufpassen.

Seit diesem Ereignis bin ich immer wachsam, wenn der Herbst kommt, und verfolge den Wetterbericht sehr genau. Sobald es heikel wird, treibe ich die Schafe in den Stall. So ist es nun mal, wenn man nah am Hochland wohnt. Selbst wenn nur Regen vorhergesagt wurde und es in tiefliegenderen Regionen auch regnet, kann es hier auf den höchstgelegenen Höfen, Ljótarstaðir und Snæbýli, Unwetter und Schneesturm geben.

Das ist bei allen Bauern dasselbe Spiel: Das Schlimmste, was passieren kann, ist, wenn den Tieren etwas zustößt ... wenn sie im Sturm verloren gehen ... wenn ein Tier erkrankt oder sich verletzt.

Brunstzeit

Schafböcke sind richtig nervige Tiere. Ich musste den Pferch der Böcke schon mehrmals verkleinern, wenn die Brunstzeit näherrückt, damit sie bei Kämpfen nicht so viel Anlauf nehmen können, diese Dummköpfe.

Böcke werden normalerweise nicht älter als drei Jahre. Dann haben sie genug Nachkommen gezeugt, und man setzt jüngere Böcke ein, die besser sind als ihre Väter. Die Mutterschafe werden wesentlich älter als die Böcke, neun Jahre oder mehr.

Zahme Böcke sind besonders nervig, die werden unglaublich frech. Sie wollen, dass man sie streichelt, und stoßen einen an, um Aufmerksamkeit zu bekommen. Echte Nervensägen.

Wenn man selbst gerade mal siebzig Kilo wiegt, mit Arbeitsoverall und Schuhen wohlgemerkt, ist es ziemlich schwierig, einen bärenstarken, neunzig Kilo schweren Schafbock zu scheren ... es geht, wenn sie brav sind, aber ich wurde auch schon gegen die Wand geschleudert, nur weil der Bock meinte, er müsste mit dem Kopf schlagen, oder ich lag platt auf dem Boden, weil er beschloss, ohne Vorwarnung einen Satz nach vorne zu machen. Beim Scheren schwitze ich normalerweise nicht viel, aber wenn ich einen ausgewachsenen Bock bändigen muss, kann man anschließend meine Klamotten auswringen.

Gegen Böcke komme ich nicht an, sie sind einfach stärker als ich. Das sollte man im Kopf behalten, wenn man mich über Schafböcke reden hört.

Inzwischen habe also selbst ich gelernt, dass alte Frauen sich nicht mit Schafböcken anlegen sollten, wenn jüngere Leute in der Nähe sind, die den Job übernehmen können. Als wir das letzte Mal Schafe sortiert haben, sagte ich zu meinem Neffen Ármann: »Guck mal, Ármann, da hinten ist ein Bock!«, und er war so nett und lief los.

Ich besitze einen Bock namens Laukur, der ungewöhnlich brav im Umgang ist. Nur wegen seiner Sanftheit ist er noch am Leben. Er lässt sich gut führen, und seine einzige Aufgabe besteht darin, im Dezember mit mir durch die Schafställe zu laufen und empfängnisbereite Schafe zu wittern. Er darf nur mal riechen, und falls er auf die Idee kommt, die Sache zu Ende bringen zu wollen, ruckele ich am Führstrick. Vermutlich findet er mich zu der Zeit ziemlich gemein.

Tagesablauf

Ich fange das ganze Jahr über an den meisten Tagen gegen acht Uhr morgens an zu arbeiten. Ich stehe um sieben Uhr auf und nehme mir eine Stunde für mich, außer in der Lammzeit, da verlässt man sofort nach dem Aufstehen das Haus.

Ich mag es nicht, sofort rauszugehen, direkt vom Bett nach draußen. Die eine Stunde am Morgen, die ich mir normalerweise gönne, ist mir sehr wichtig, dafür stehe ich auch früher auf.

Als Erstes gehe ich mit Frakkur und Fífill raus und gebe ihnen zu fressen. Dann mache ich mir Kaffee und Frühstück. Danach, im Winter, raus zum Füttern. Das dauert ungefähr eine Stunde, sofern kein neues Heu in den Stall gefahren werden muss. Wenn ich mit dem Traktor Rundballen reinfahre, alle drei Tage, dauert es länger.

Nach dem Füttern kommen die jeweils anstehenden Arbeiten oder Fahrten zu Besprechungen, davon gibt es in den Herbst- und Wintermonaten viele … und man muss natürlich immer los, egal bei welchem Wetter. Am Ende des Tages wird wieder gefüttert. Füttern muss man immer, auch an Weihnachten oder anderen Feiertagen. Wenn ich nicht zu Hause bin, brauche ich jemanden, der das für mich übernimmt. Meistens klappt das, aber ich bitte die Leute nicht gern darum und versuche, es zu vermeiden.

Schafhaltung ist insofern anders als Milchviehhaltung, als die Schafe mehrere Monate im Jahr nicht am Hof sind und man sich in dieser Zeit nicht um sie kümmern muss. Als Milchbauer ist man tagtäglich von morgens bis abends gebunden.

An den meisten Tagen mache ich mir einen Arbeitsplan, das muss sein, wenn alles funktionieren soll. Ich weiß immer, was ich am nächsten Tag tun werde, das brauche ich, sonst kriege ich Stress. Wenn ich es mal ruhiger angehen möchte, zum Beispiel wenn Besuch kommt, dann ist das auch in Ordnung. Es fällt mir schwer, meinen Plan zu ändern, aber natürlich kann ich das und finde schnell Lösungen für unerwartete Probleme ... zumal es hier oben auch nichts bringen würde, einfach nur dazustehen und auf den Pannendienst zu warten. Trotzdem finde ich es besser, wenn ich das, was ich mir vorgenommen habe, umsetzen und zu Ende bringen kann, doch das ist als Einzelkämpferin nicht immer möglich.

Meine Arbeitsweise ist mit der Zeit immer routinierter geworden. Mit einem geregelten Ablauf komme ich am besten zurecht, wenn ich die Essens- und Kaffeepausen einhalte und möglichst nicht abends arbeite. Es frustriert mich immer, wenn ich meinem Plan hinterherhinke.

Auf dem Land ist es immer noch üblich, jedenfalls bei uns, den Tag nach Mahlzeiten einzuteilen. Frühstück, Zehn-Uhr-Kaffee, Mittagessen, Nachmittagskaffee, Abendessen. Die Kaffee- und Essenszeiten werden in Ehren gehalten und als Orientierung genutzt. Ich nehme mir vor, eine bestimmte Aufgabe vor dem Mittagessen, vor dem Kaffee, vor dem Abendessen abzuschließen. Außerdem brauche ich alle paar Stunden etwas zu essen, da bin ich wie ein Marder.

Weihnachten

Vor Weihnachten spritze ich das Haus immer mit Seifenlauge ab. Ich brauche einen ganzen Tag, um die Wände zu schrubben. Ich hasse Putzen, möchte es aber sauber haben, deshalb putze ich, wenn es sonst niemand macht, sei es zur Weihnachtszeit oder generell.

Anfang Dezember hänge ich Lichterketten ans Wohnhaus und die Schafställe. Es macht mir Spaß, für Weihnachten zu dekorieren, und dieses Jahr habe ich zum ersten Mal einen Adventskranz gebastelt. Der ist mir ganz gut gelungen. Ich mag Weihnachten und kaufe massenweise Essen und Süßigkeiten.

Fanney und ihre Tochter María sind seit sechzehn Jahren an Weihnachten immer hier. Onkel Addi ist auch meistens hier. Am 23. Dezember fahren wir zum Forstbetrieb Giljaland und holen uns eine Kiefer, etwa eineinhalb Meter hoch. Am Abend des 23. Dezember werden Würstchen gekocht. Nachdem wir den Weihnachtsbaum geschmückt haben, gibt es Kakao und Pfefferkuchen.

Ásta und ihr Sohn Ármann kommen am Morgen des 24. Dezember zur Bescherung, zum Kuchenessen und Baileys-Trinken. Mittags gibt es Milchreis mit einer Mandel, und wer die Mandel erwischt, bekommt ein kleines Geschenk. An Heiligabend gibt es Lamm, von Valur in Úthlíð geräuchert.

Mama ist bei uns fürs Kochen zuständig, da bin ich völlig talentfrei … ich würde aber neben einer Salzfleischtonne nicht verhungern, wie eine Nachbarin mal über ihren Mann gesagt hat. Lamm- und Hammelfleisch ist unsere Hauptnahrung, und ich mag es in allen Variationen. Das Fleisch ist so gut, dass selbst ich es nicht schaffen würde, es durch Braten oder Kochen zu verderben. Es schmeckt fantastisch, was allerdings wirklich mehr an dem Fleisch liegt als an mir.

Ich frage mich, warum es nicht besser gelingt, den vielen Touristen dieses Qualitätsprodukt zu verkaufen. Das kann doch nur an der falschen Vermarktung liegen. Im Supermarkt ist Lammfleisch nämlich in der Regel nur auf Isländisch beschriftet. Ich war schon mal in einem Restaurant in einer Region, die als ausgewiesene Schafzucht-Hochburg gilt, und da stand kein anderes Fleisch auf der Karte als höchst unisländische Pute.

María hat am 25. Dezember Geburtstag, und den feiern wir meistens am zweiten Weihnachtstag. Sie und ihre Mutter fahren dann zwischen Weihnachten und Neujahr zurück nach Hveragerði.

Weihnachten ist eine schöne Zeit. Es wird ständig gegessen, natürlich auch viel Kuchen. Backen kann ich ja und tue das auch ausgiebig, nur meine Kochkünste sind weniger ausgereift.

So wie viele andere esse ich an Weihnachten auch massenweise Süßkram. Mackintosh-Bonbons mag ich besonders. Und ich hänge an den Feiertagen oft vor dem Fernseher. Wobei ich von sehr vielen Filmen den Anfang, aber nur von sehr wenigen das Ende gesehen habe. Es ist so schön gemütlich, vor dem Fernseher einzuschlafen.

Was Süßigkeiten betrifft, bin ich eine richtige Naschkatze, auch wenn nicht Weihnachten ist, aber das gönne ich mir. Schließlich rauche ich nicht, trinke nur zweimal im Jahr und nehme keinen Schnupftabak mehr. Außer wenn ich echte Schnupftabak-Liebhaber treffe. Die verstecken sich allerdings überall, aber an irgendwas muss man ja sterben.

Seit Mama im November ins Krankenhaus kam, bin ich allein auf dem Hof. Wir hatten gehofft, sie könnte an Weihnachten nach Hause kommen, aber dann durfte sie doch nicht. Ihr Knie wurde in Hveragerði punktiert, und direkt danach entzündete es sich, deshalb liegt sie seitdem im Krankenhaus. Sie erholt sich zwar langsam, kann das kranke Bein aber kaum benutzen. Das Alleinsein macht mir nichts aus. Man könnte es auch als Einsamkeit bezeichnen, aber ich bin eine Einzelgängerin. Mir reicht es, mit den Tieren zu reden, nur wenn es die nicht gäbe, wäre ich ungern allein hier. Früher hatte ich Probleme damit und Angst im Dunkeln.

Als Kind war ich eigenbrötlerisch, was vielleicht nicht unbedingt in meiner Natur liegt, aber es gab ja sonst niemanden. Ich gewöhnte mich an das Alleinsein, und im Sommer kamen dann auch andere Kinder. Linda war am längsten hier, das erste Mal im Alter von sechs Jahren und von da an zehn Sommer hintereinander.

Kinder und Kinderlosigkeit

Ich finde es großartig, am Leben meiner Freundin Linda und ihrer Familie teilzuhaben. Sie und ihr Mann lernten sich früh kennen und haben drei tolle Kinder. Dieser Kontakt ist mir sehr wichtig, zu sehen, wie gut das funktionieren kann, auch wenn es nicht meine Lebensweise ist.

Für mich ist es ein Luxus, Lindas Kinder ab und zu bei mir zu haben, und dass sie mir vorbehaltlos anvertraut werden.

»Steig ruhig zu Heiða auf den Traktor!«

»Du darfst mit Heiða Quad fahren, aber zieh dir erst deine Mütze an!«

Ich glaube, ich wusste immer, dass ich keine Kinder bekommen möchte. Ich scheue mich vor der Verantwortung, einen anderen Menschen seelisch und körperlich unversehrt ins Erwachsensein zu geleiten. Ich hätte Angst, dass dabei nur ein weiterer Psychopath herauskommen würde. Ein Kind kann man so leicht verderben. Und heutzutage sind die Zeiten in vielerlei Hinsicht pervers ... was die Kinder alles im Internet sehen, ist ein echtes Problem.

Ich scheue mich aber nicht nur vor der schwierigen Aufgabe der Erziehung, sondern tue auch viele Dinge lieber, als mich um ein Kind oder Kinder zu kümmern, mit all der Zeit und Aufmerksamkeit, die das beansprucht, wenn man es gut machen möchte.

Es herrscht ein regelrechter Zwang, alle Menschen in dasselbe Schema zu pressen, und man glaubt, wenn jemand anders ist, kann es ihm nicht gut gehen. Ich bin jetzt achtunddreißig Jahre alt, und noch immer raten mir die Leute wohlmeinend, ein Kind zu bekommen sei das Beste, was mir passieren könne. Na gut, prima, für die betreffende Person war es das Beste, aber damit ist noch lange nicht gesagt, dass das für alle gilt. Ich kann ja nur ein verirrtes Schaf sein … fast vierzig und völlig planlos. Ich weiß einfach nicht, was ich will!

Mir wurde ziemlicher Druck gemacht, selbst von meinen Schwestern, doch bitte zur Vermehrung der Menschheit bei- zutragen. Am Ende sagte ich zu ihnen: »Glaubt ihr etwa, ich hätte nicht längst ein Kind, wenn ich eins gewollt hätte?« Da hörten sie endlich auf.

Schon als ich klein war, stellte ich das mit dem Kinderkriegen in Frage, doch da ging man selbstverständlich davon aus, dass ich meine Einstellung ändern würde. Ich verstand das einfach nicht und dachte immer: »Was? Ich soll ein Kind kriegen? Wieso denn?«

Ein neues Jahr

Im Januar versuche ich, mich auszuruhen und Kräfte für das kommende Jahr zu sammeln, so gut es eben geht. Die anstrengendste Zeit des Jahres steht bevor, sechs Wochen Fötenzählen im ganzen Land.

Mittlerweile klappt es tatsächlich, dass ich mich im Januar zurückziehe und auch verreise. In den ersten Jahren war das noch anders, da bin ich vor lauter Stress fast zusammengeklappt … war höchstens mal bei einer Silvesterparty.

Aber in den letzten Jahren habe ich tolle Reisen unternommen, zum Beispiel zu Schafschurwettbewerben in Schottland und England, habe Adda auf der Farm in Wales besucht, wo sie Hundetraining gelernt hat. Dort war ich zusammen mit Ella. Mit Fanney und María bin ich in der Adventszeit verreist, und vor längerer Zeit war ich mit meiner Cousine Kolla in Südamerika.

In diesem ersten Monat des Jahres tue ich möglichst nichts außer Füttern. Abends mache ich es mir mit einem Buch und einer Schale Knabberzeug gemütlich. Die meiste Zeit verbringe ich in meinem Sessel vor dem Ofen in der Küche. Früher kam meistens die alte Katze, sobald ich mich hinsetzte, und leistete mir Gesellschaft. Ich hoffe immer, dass meine neue Katze das auch irgendwann macht. Winterabende mit einem guten Buch sind das Schönste. Die Stille in meinem eigenen Bergsaal. Mond und Sterne vielleicht. Und die fantastischste Nordlichtershow der Welt.

Fötenzählung

Was Trächtigkeitsuntersuchungen bei Schafen betrifft, gehören Ella und ich in Island zu den Pionieren. Ella erfuhr von einem Norweger, der das hierzulande machte, von dieser Technik und meinte, das sollten wir uns doch mal näher anschauen. Also investierten wir in einen Trächtigkeitsdetektor. Zusammen mit einem Ehepaar aus dem Öxarfjörður nahmen wir an einem Wochenendkurs bei besagtem Norweger teil und lernten das Fötenzählen. Im Jahr darauf fuhren wir zu ihm nach Hamar in Norwegen, nicht weit von Lillehammer, um unsere Technik zu verbessern ... das war 2004, dies ist jetzt also meine dreizehnte Saison.

Nach dem ersten Lehrgang saßen Ella und ich zehn Tage lang jeden Abend im Schafstall in Úthlíð und zählten und zählten, immer wieder bei denselben Mutterschafen, zu Übungszwecken. Damals nutzten noch relativ wenige Höfe unser Angebot, doch nach und nach sprach es sich herum und wurde immer begehrter. 2008–2009 lief es dann wie am Schnürchen.

Mittlerweile zähle ich an circa zweihundert Orten im ganzen Land. Hauptsächlich auf Bauernhöfen, aber auch bei Leuten, die hobbymäßig Schafe züchten. Seit einigen Jahren zählt Ella nur noch bei uns im Südland, aber wir haben unseren Freund Logi angelernt. Logi und ich besitzen jeder ein eigenes Gerät, machen aber die Organisation, Terminkoordination und Werbung gemeinsam. Ella und ich sind auch gemeinsam gereist und haben gemeinsam gezählt. Psychisch und körperlich ist es wesentlich leichter, im Team zu arbeiten, und man bewältigt die großen Gebiete besser. Außerdem ist es netter, zu zweit unterwegs zu sein, so wie Ella und ich es früher gemacht haben.

Für den Schafzüchter ist es sehr wichtig, zu wissen, wie viele Lämmer ein Mutterschaf bekommen wird, damit er die Lammzeit besser organisieren und die Arbeit effizienter gestalten kann. Es geht darum, Lämmer bei anderen Müttern unterzubringen, mit dem Ziel, dass alle gesunden Schafe im Sommer zwei Lämmer haben – man macht es einem Mutterschaf mit drei Lämmern leichter, wenn man das dritte Lamm an eine neue Mutter gewöhnt, die nur ein Lamm hat.

Auf diese Art kann man auch die Fütterung effizienter gestalten. Mutterschafe mit drei Lämmern brauchen mehr Futter als Mutterschafe mit einem Lamm. Wenn man einer Mutter mit einem Lamm weniger Kraftfutter gibt, verringert sich die Gefahr, dass ihr Lamm so groß wird, dass es ihr bei der Geburt Probleme bereitet.

Das Schöne ist, dass es sich um eine sehr dankbare Arbeit handelt. Durch die Fötenzählungen steigert sich die Produktivität eines jeden Schafs. Und es braucht nicht viele Lämmer, um die Zeche der Zählerin zu zahlen.

Aber natürlich gibt es auch eine gewisse Fehlerquote, wie bei jeder Arbeit, hinter der ein Mensch steht. Beim Fötenzählen muss man sich sehr konzentrieren, und bei den Ergebnissen kann es zu Abweichungen kommen, da spielen viele Faktoren eine Rolle. Wenn ich die halbe Nacht bei Sturm Schnee geschippt habe, fördert das nicht unbedingt mein Konzentrationsvermögen. Wenn die Schafe bockig und gestresst sind und zappeln, ist das kontraproduktiv. Wenn die Schafe vollgefressen sind, kann man die Föten schlechter erkennen, und manchmal haben die Föten nicht das richtige Alter für die Zählung. Und bei Zeitdruck und Hektik arbeitet man auch weniger effektiv.

Während der sechswöchigen Tour kontrolliert man jeden Tag von morgens bis abends Lammföten im Ultraschall. Ich untersuche zwölf- bis dreizehnhundert Schafe pro Tag. Um acht Uhr morgens fange ich an und bin meistens nicht vor acht Uhr abends in meinem Quartier.

Jedes Schaf wird in einen Käfig aus Eisenstangen getrieben, den ich mitbringe. Den hat ein Landsmann nach Maßen aus Norwegen für mich angefertigt. Ich habe auch einen speziell angefertigten niedrigen Eisenstuhl, und natürlich das Ultraschallgerät.

In den ersten Jahren war es furchtbar anstrengend, weil keiner genau wusste, wie man am besten vorgeht. Man muss in den Schafställen Treibgänge einrichten, denn es ist sehr wichtig, dass es keine Unterbrechungen gibt und dass stetig Schafe nachrücken. Dafür muss man sich überlegen, wo man den Käfig am besten aufstellt. Für die Leute auf den Höfen war das neu, aber jetzt wissen alle, was zu tun ist. So gesehen ist es heute ein Kinderspiel.

Der Käfig muss die ganze Zeit am selben Platz im Stall stehen bleiben, weil es zu lange dauern würde, das Ultraschallgerät mehrmals umzustellen oder Schafe daran vorbeizutreiben. Außerdem bestünde dann größere Gefahr für das Gerät. Es darf auf keinen Fall beschädigt werden, die Dinger kosten ein Vermögen. Das sind auch die einzigen Situationen, in denen ich ausraste … wenn ein Schaf dem Gerät zu nah kommt. Einmal ist ein Schaf draufgesprungen, aber es ging gerade noch einmal gut. Wenn das Ultraschallgerät mitten in der Saison kaputtginge, wäre das eine Katastrophe. Es würde viel zu lange dauern, ein neues zu besorgen … die Saison wäre gelaufen, und man hätte den zusätzlichen Verlust wegen des beschädigten Geräts. Das sind die einzigen wirklichen Stressmomente – das, und wenn man keinen Kaffee bekommt!

Die Bedingungen bei dieser Arbeit sind schwierig, Trächtigkeitsuntersuchungen sind generell ein Knochenjob. Man sitzt im Schafstall sehr nah am Boden und bekommt diverse körperliche Wehwehchen – Sehnenscheidenentzündungen, Muskelentzündungen – von den sich ständig wiederholenden Handgriffen mit der Sonde. Zudem läuft man Gefahr, dass ein Schaf, oder noch schlimmer, ein Schafbock, sich auf einen wirft. Zweimal wäre ich fast verunglückt. Ich war mir sicher, ich hätte mir den Arm gebrochen, als einmal ein Bock auf mich zustürmte, das Schaf in dem Käfig hochwuchtete und meine Schulter mitriss, sodass meine Hand mit der Sonde zwischen seinen Hörnern vorne im Käfig eingeklemmt war.

Das A und O bei dieser Arbeit ist, dass die Helfer den Umgang mit Schafen gewöhnt sind und die Tiere kontinuierlich vorwärts treiben. Und die verdammten Böcke fernhalten!

Bei dieser Art von Fließbandarbeit friert man, hat Hunger, muss aufs Klo. Ich habe gelernt, das zu ignorieren, wohlwissend, dass es irgendwann zu Ende ist. Inzwischen weiß ich, dass ich nicht im Schafstall sterben werde, was mir früher als durchaus im Bereich des Möglichen erschien. Ich weiß genau, dass ich bald im Auto sitzen werde, wo es warm ist, mit Musik und Schokolade, und dann geht es schon. Selbst ein Hof mit zwölfhundert Schafen ist irgendwann geschafft. Wobei es nur einen Hof von dieser Größe gibt, einen sehr schönen Hof mit netten Leuten. Dort brauche ich fürs Zählen einen ganzen Tag.

Genauso geht es mir, wenn ich den Käfig mit eiskaltem Wasser abwasche, da dachte ich in den ersten Jahren immer, meine Hände würden abfallen. Jetzt bin ich darüber hinweg. Das ist nur ein vorübergehender Zustand, und alles wird gut. Sobald ich in meine Wollhandschuhe schlüpfe, geht es mir schon besser. Manchmal habe ich die bereits an, bevor ich meinen Overall ausziehe.

Bei diesem Job muss man also nicht nur den Käfig und das Ultraschallgerät von Hof zu Hof transportieren und Föten zählen, sondern auch anschließend an jedem Ort alles sorgfältig reinigen, den Käfig und den Stuhl schrubben und einiges mehr, wegen der Ansteckungsgefahr. Damit keine Krankheiten wie infektiöser Abort zwischen den Bezirken oder Höfen übertragen werden. Natürlich habe ich für meine Arbeit eine tierärztliche Erlaubnis. Ich nehme es sehr genau mit dem Reinigen und Wechseln der Kleidung und darf auf gar keinen Fall aus Nachlässigkeit eine ansteckende Krankheit von Hof zu Hof schleppen. Aber wir arbeiten so gewissenhaft, dass das nicht passieren wird. Manchmal habe ich den Eindruck, dass die Leute sich nicht im Klaren darüber sind, wie wichtig das ist.

Während der Saison ist jeder Quadratzentimeter in meinem Auto verplant … Extra-Handschuhe und Sturmmützen in jeder Ecke. Ich nehme zehn bis zwölf Arbeitsoveralls mit, damit ich genug Kleidung zum Wechseln habe. Auf jedem Hof ziehe ich einen neuen Overall an, damit ich keine Bakterien übertrage. Zum Glück sind alle sehr hilfsbereit, waschen mir andauernd die Klamotten und so weiter.

Das Fötenzählen ist doppelt stressig, weil ich nie Ruhe vor dem Telefon habe. Ich gehe immer sofort ran, selbst wenn ich gerade zähle, sonst würden sich die Anrufe nur aufhäufen und ich könnte meinen straffen Arbeits- und Zeitplan nicht einhalten. Trotz meiner perfekten Organisation muss ich erreichbar sein, auch wenn es nicht gerade ideal ist, mit einer Hand ans Handy zu gehen und mit der anderen die Sonde zu bedienen.

Durch diesen Job habe ich Einnahmen, die sehr wichtig für mich sind. Manchmal kommt es mir vor, als würde ich nur so aus Spaß durch die Gegend tingeln, um nicht zu Hause rumhängen zu müssen. Aber das stimmt nicht, denn dieser aufwendige Nebenjob ist der Grundpfeiler, der den Betrieb in Ljótarstaðir am Laufen hält.

Es ist ein Privileg, Bauern und Hofbewohner in ganz Island kennenlernen zu dürfen. Ich übernachte jedes Jahr auf denselben Höfen, manchmal auch mehrere Nächte hintereinander auf demselben, wenn es mit den Entfernungen passt und ich mit den Leuten gut befreundet bin.

Während der Zählsaison ist noch tiefster Winter, sodass man mit jeder Witterung rechnen muss, aber ich kämpfe mich auch bei schwierigen Straßenverhältnissen und schlechtem Wetter weiter, weil die ganze Organisation zusammenbricht, wenn mein Zeitplan aus dem Ruder läuft.

Schlimmstenfalls muss man sich schaufelnderweise fortbewegen. Ich erinnere mich an eine Geschichte bei heftigem Schneesturm und Straßensperrung in den südlichen Westfjorden, da hörte ich im Autoradio, der Pass Kletthals werde gerade geräumt. Das war perfektes Timing – Ella war draußen beim Schneeschippen, und wir hatten den Wagen fast freigekriegt. Nachdem wir stundenlang geschaufelt und gejuckelt und geschuckelt und geschippt hatten, kam uns bei der letzten Schneewehe das Räumfahrzeug entgegen!

Mir gefällt die Arbeit mit den Trächtigkeitsuntersuchungen, weil es etwas ist, das man angeht und zu Ende bringt. Ich mag keine halb fertigen Sachen, die es aber in der Landwirtschaft ziemlich oft gibt.

Natürlich habe ich auch eine Lieblingsgegend. Ich bin ein großer Fan von Strandir in den Westfjorden. Das ist mein gelobtes Land. Ich mag die Leute unheimlich gern und fühle mich dort sehr wohl. Wenn ich wieder wegfahre, bekomme ich immer Heimweh.

Die Schafe in Strandir sind groß und schön, eine spezielle

hornlose Züchtung. Die Lämmer bringen viel Fleisch auf die Waage, werden aber auch gut umsorgt.

Schon allein die Tatsache, sechs Wochen durchs Land zu touren, ist toll. Fast wie eine Auslandsreise. Diese Fahrten sind willkommene Erfahrungen für einen Eremiten wie mich. Die Welt wird größer. Wenn ich zu lange am Stück zu Hause bin und nicht weg kann, habe ich das Gefühl, die Welt würde zusammenschrumpfen.

Als Kind in Ljótarstaðir spürte ich, dass die Welt ziemlich klein sein kann, was sich manchmal in einer gewissen Engstirnigkeit oder gar Vorurteilen niederschlug. Vorurteile kann ich überhaupt nicht ertragen. Zum Beispiel gegenüber Migranten oder Homosexuellen. Solche »Scheiß Ausländer«-Sprüche. Vorurteile und Arroganz gehören mit zum Schlimmsten, was es gibt.

Heiða beim Poesietreffen

Während meiner Touren als Wanderarbeiterin beim Schafescheren und Fötenzählen rund ums Land schicke ich meinen
Schwestern spaßeshalber Verse und bekomme auch meistens
eine Reaktion. Einmal übernachteten Ella und ich auf einem nicht
näher bezeichneten Hof in einem nicht näher bezeichneten Fjord
in den Westfjorden direkt am Meer. Dort schlug ich mich die
ganze Nacht mit einem Dämon herum, tat kein Auge zu und
zitterte noch am nächsten Morgen. Als ich Ella davon erzählte,
schüttelte sie sich vor Lachen und meinte, das sei doch nur ein
Albtraum, sie habe im Nachbarzimmer tief und fest geschlafen –
und seitdem besteht sie jedes Jahr darauf, dass wir genau auf
diesem Hof übernachten.

Als wir im nächsten Jahr abends dort ankamen, war ich bereits
ein Nervenbündel, während Ella breit grinste. Und tatsächlich, ich
hätte schwören können, beim Einschlafen vor dem offenen
Fenster einen Austernfischer zu hören. Wir hatten den 3. März,
und in den Westfjorden herrschte noch tiefster Winter. »Jetzt geht
das wieder los, dieses Gespenst imitiert einen Austernfischer«,
dachte ich und knallte stinksauer das Fenster
zu. Es folgte eine schlaflose Nacht. Am Frühstückstisch sagte der
Bauer gut gelaunt: »Mädels, ihr habt doch wahrhaftig den Frühling
mitgebracht, unten am Strand ist schon ein Austernfischer.«
Später, als Ella endlich aufgehört hatte zu lachen, schickte ich
meinen Schwestern diesen Vers:

Manch einer fand's amüsant
meine Nerven zum Zerreißen gespannt
ein Ungeheuer ich behaupte
den kostbaren Schlaf mir raubte
dabei war's nur ein Vöglein am Strand.

Fanneys Antwort ließ nicht lange auf sich warten:

Es ist nicht weit her mit dem Mut
am Morgen ist man unausgeruht
wenn Panik man schiebt
bei jedem Vöglein das piept
und doch nur den Frühling begrüßen tut.

Fötenzählung in Meiri-Tunga
in Rangárvellir, 10. Februar

Þórdís, die hiesige Bäuerin, besitzt zweihundertfünf-
zig Schafe. Es sind auffallend viele Mutterschafe mit drei Lämmern dabei ... sehr fruchtbar, die Tiere. Sechs Leute helfen mit,
davon vier Frauen ... ein ungewöhnlich hoher Prozentsatz. Es
ist üblich, dass die Leute von den Höfen mit anpacken, wenn
ich komme, so wie hier. Bei meiner Arbeit bin ich auf ihre Unterstützung angewiesen. Es ist toll, dass die Kinder so neugierig
sind ... oft steht eine ganze Gruppe um den Käfig herum.
Die Fötenzählung muss in einem bestimmten Zeitraum stattfinden, wenn die Föten die richtige Größe haben. Das bedeutet
natürlich ein sehr enges Zeitkorsett. Wenn die Föten noch zu
klein oder schon zu groß sind, kann man nicht erkennen, wie
viele es sind.
Eine der wichtigsten Voraussetzungen ist, dass die Mutterschafe
etwas hungrig sind, weil man den Fötus dann besser sieht. Man
braucht etwas Übung, um die Sonde an der richtigen Stelle an
der Leiste anzusetzen, da, wo kein Fell ist ... dann zieht man
das Gerät über die Haut ... und man muss lernen, das Ergebnis
auf dem Bildschirm zu interpretieren. Das kann manchmal
schwierig sein, weil die Föten im Uterus schwimmen und sich
drehen. Auf dem Bildschirm erscheint das Knochengerüst, der
Kalk. Idealerweise erkenne ich möglichst viel von dem Lamm,
wie es liegt, seinen Kopf und seinen Rumpf, damit ich sicher
sein kann, dass es nicht dasselbe Lamm aus zwei verschiedenen

Perspektiven ist, sonst denke ich vielleicht, es sind zwei Lämmer – und umgekehrt. Die Kunst besteht darin, die Sonde so einzusetzen, dass man die Lämmer findet und sicher feststellen kann, ob es sich um eins, zwei oder drei handelt. Dabei braucht man gar nicht so viel Kraft aufzuwenden, wie ich es am Anfang getan habe, was natürlich sehr ermüdend ist.

Beim Fötenzählen muss man mit allen möglichen Zwischenfällen rechnen. Die Sonde kann kaputtgehen oder zerbrechen und man muss sie nach Schottland zur Reparatur schicken, was womöglich eine halbe Million Kronen kostet. Ich habe immer eine Ersatzsonde dabei. Und man muss sehr gut auf das Ultraschallgerät achtgeben. Das kann natürlich auch kaputtgehen.

Es kommt öfter vor, dass der Käfig oder die Stühle auseinanderbrechen … diese Sachen werden stark beansprucht und sind schon auf vielen Höfen wieder zusammengeschweißt worden. Die meisten Bauern haben das richtige Werkzeug dafür … und wenn nicht, leiht man es sich beim Nachbarn.

Dass die Schafe Hunger haben, ist in anderer Hinsicht natürlich auch hinderlich, denn dann sind sie wesentlich schwerer zu handhaben, als wenn sie satt und zufrieden sind.

Das Fötenzählen geht ziemlich in die Knochen … man sitzt im kalten Schafstall nah am Boden und wiederholt immer wieder dieselben Handgriffe mit der Sonde. Ich bekomme schnell kalte Hände und habe eine ganze Handschuhsammlung im Auto.

Aus dem Eimer neben mir wird lauwarmes Wasser in die Sonde gepumpt, das dient als Kontaktmittel. Ich muss eine dichte Gummihose tragen, sonst werde ich nass … und ich habe ständig die nasse Sonde in der Hand … wenn das Wasser auf den Stuhl tropft und die Hose undicht ist, habe ich einen nassen Hintern … und zwar den ganzen Tag im kalten Schafstall. Das ist sehr unangenehm, aber man gewöhnt sich auch daran.

Untendrunter trage ich Wollsachen. Zum Jahreswechsel hatte ich einen Notstand, da hatten sämtliche Socken und Handschuhen Löcher, weil Mama nicht zu Hause war. Zum Glück fragte sie, als es ihr wieder besser ging, sofort nach ihren Stricknadeln. Und ich raste prompt mit dem Strickkorb nach Hveragerði. Mama strickte und strickte, und jetzt ist wieder alles gut, und ich habe ausreichend Wollsachen vorrätig.

Die Verhütungsspritze

Im Herbst 2008 fühlte ich mich ziemlich seltsam und schlapp. Mir tat alles weh, und ich war andauernd müde. In den darauffolgenden zwei Jahren, bis Ende Januar 2011, wurde es immer schlimmer. Da ging es mir dann so schlecht, dass ich kurz davor war, mir die Kugel zu geben, das hätte ich tatsächlich gemacht, wenn Ásta mir nicht geraten hätte, eine Ernährungstherapeutin namens Elísabet Reynisdóttir in Hveragerði aufzusuchen.

In der ersten Hälfte dieses Zeitraums hatte ich eine Beziehung, die allerdings den Bach runterging. Damit wäre die Theorie widerlegt, dass die Liebe alles besiegt, aber das ist eine andere Geschichte. Während dieses Beziehungsversuchs hatte ich die schlaue Idee, ein hormonelles Verhütungsmittel anzuwenden, das einem alle drei Monate in einen Muskel gespritzt wird. Nach meiner Devise, Gebrauchsanweisungen erst zu lesen, wenn ich ein Problem bekomme, ignorierte ich den Beipackzettel und ließ mich zwei Jahre lang mit dem Zeug vollpumpen. In dieser Zeit war ich wegen Schmerzen, Müdigkeit und Erschöpfung oft beim Arzt, der daraufhin Fibromyalgie und Arthrose diagnostizierte und mir Rheumamedikamente, Nervenmedikamente und Schmerzmittel verschrieb. Ich hatte in der Apotheke schon eine Rabattkarte, wie eine alte Frau, aber es änderte sich nichts. Ich versuchte, die Situation irgendwie in den Griff zu kriegen, aß keinen Zucker, reduzierte Weißmehl und Kaffee, aß kleinere Portionen, trank keinen Alkohol und nahm keinen Schnupftabak. Doch dadurch wurde es auch nicht besser. Ich bin 1,83 Meter groß, wog nur noch 63 Kilo und wäre fast daran kaputtgegangen.

Ich dachte, ich hätte mich durch das Schafscheren und den vielen Stress in den letzten Jahren selbst ruiniert. Kämpfte mich durch den Alltag, ging abends oft um sieben Uhr ins Bett und schlief zwölf Stunden am Stück. Ich musste mich zwingen, weiterzuarbeiten, aber meine Bein- und Armmuskeln machten schlapp – die Schafe glitten mir aus den Händen, der Lenker des Quads schlug mir entgegen, ich hatte für nichts Energie und schleppte mich durch den Tag. Ich litt an bedrohlicher Blutarmut, bekam zum ersten und bis dato letzten Mal in meinem Leben eine Blasenentzündung, hatte unregelmäßigen Herzschlag und ein eingefallenes Brustbein, was auch immer das heißen mag.

In den ersten Monaten hatte ich dunkle und später permanent rote Ränder unter den Augen und gerötete Augenwinkel. Zwei Fötenzählsaisons verliefen so. Ich quälte mich durch den Tag, und Ella leistete doppelte Arbeit, damit mein Zustand nicht auffiel. Nicht, dass das für sie einen Unterschied gemacht hätte! Mein Selbstbewusstsein war im Keller, ich war immer groß und stark gewesen, liebte körperliche Anstrengung und war mir plötzlich nicht mehr sicher, ob ich es schaffen würde.

Ich hörte mit dem beruflichen Schafscheren auf, kündigte bei der Polizei, ging nicht mehr zum Festival und nicht mehr zum Schafabtriebsfest und eigentlich zu keinem gesellschaftlichen Ereignis, falls es sich irgendwie vermeiden ließ. Im Januar 2011 fuhr ich dann endlich zu der Ernährungstherapeutin. Sie befragte mich eine Viertelstunde, dann war ihr schon klar, worin mein Problem bestand. Ich vertrug diese gewaltigen Hormonmengen nicht, sie brachten mich regelrecht um.

Seitdem weist mich Ásta, die immer gut informiert ist und bestimmt sofort geschaltet hätte, wenn ich nicht nur mit Leuten aus der Gesundheitsbranche, sondern auch mit ihr oder jemand anderem über Empfängnisverhütung gesprochen hätte, oft auf Artikel mit Horrorgeschichten über Frauen hin, die dieses Medikament genommen haben. Wir haben uns gemeinsam die Auflistung der Nebenwirkungen der Verhütungsspritze angeschaut, und die meisten trafen auf mich zu: Blutarmut, Blasenentzündungen, starke Erschöpfung, Depressionen.

Selbstverständlich ließ ich mir keine weiteren Spritzen mehr geben, schmiss das ganze Arzneimittelsortiment in den Müll und trank Kamillentee, solange die Entzugserscheinungen von dem Nervenmedikament mich nachts zitternd aufwachen ließen, in dem festen Glauben, die Hölle sei nah – und ging auf Fötenzähltour. Im März waren die roten Ränder unter meinen Augen verschwunden, und ich konnte wieder lächeln. Im Juli machte ich mit Fanney und Siggeir eine Wanderung in Hornstrandir, trug die gesamte Verpflegung und aß auch das meiste davon.

Ein Jahr später war ich wieder voll bei Kräften, und heute bin ich kerngesund, bis auf meinen alten Bandscheibenvorfall und die damit verbundenen gelegentlichen Rückenschmerzen. Das alles hat mich gelehrt, unendlich dankbar dafür zu sein, jeden Morgen munter wie ein Fisch im Wasser aufzuwachen. Gesundheit und Fitness sind unermesslich kostbar.

Diese Hormonmittel-Jahre liegen im Nebel, letztens fiel mir auf, dass ich mich kaum an sie erinnern kann. Normalerweise bleiben mir schöne Dinge bis ins kleinste Detail im Gedächtnis. Doch die Erinnerungen an diese Zeit sind so verschwommen, dass ich Fanney nach der zehntägigen Reittour fragen musste, die wir 2009 unternahmen, weil ich fast nichts mehr darüber wusste. Ich weiß zum Beispiel nicht mehr, ob wir in Hütten oder im Zelt schliefen. Normalerweise erinnere ich mich auch immer genau an die Arbeit, aber das Zäunesetzen, die Feldarbeit und andere Dinge aus diesen Jahren sind wie weggewischt. Ich weiß nur noch, wie verdammt schwer das alles war.

Ich wollte diese Geschichte erzählen, falls es noch andere Frauen gibt, die auf unerklärliche Weise immer schwächer werden und den Ärzten zwar in den Ohren liegen, von ihnen aber nur immer mehr Medikamente und Broschüren über Fibromyalgie bekommen.

Heiða, die Trächtigkeitskontrolleurin, auf Facebook, 24. Februar 2016

»Da steht bestimmt ein Großputz an!«, sagte die Kassiererin im Bónus-Supermarkt in Egilsstaðir, als sie die zwei XL-Ajax-Flaschen sah. Ich begriff, dass sie eine höfliche Frau war, die es sich verkniff, der schlecht riechenden Trächtigkeitskontrolleurin zu empfehlen, doch lieber zwei Flaschen Duschgel zu kaufen und unverzüglich zu benutzen. Sie sagte auch nichts zu den acht Tafeln Sahneschokolade, die sich zu den Ajax-Flaschen auf dem Laufband gesellten ... Drei Wochen sind rum, und mein alter Lux und ich werden in Kürze einigermaßen intakt auf Sölvabakki in Austur-Húnavatnssýsla einrollen und die Gastgeber und Logi treffen. Das wird fein!

3. März 2016.
Telefonat gegen Abend

Ich bin im Móafjörður im Ísafjarðardjúp, erreiche gegen zehn Uhr mein Nachtlager im Súgandafjörður.

Ich habe eine fiese Grippe und fast keine Stimme mehr. Das ist natürlich blöd. Die Helfer im Schafstall können mich kaum hören und müssen sich zu mir runterbeugen, um mich zu verstehen. Ich bringe nur ein Krächzen zustande, wenn ich »Eins! Zwei! Drei!« sage.

Heute Morgen hatte ich so hohes Fieber, dass ich dachte, ich überlebe den Tag nicht. Man ist für mich zur Apotheke in Hólmavík gefahren, um Panodil Hot zu holen, das trinke ich seitdem in sämtlichen Kaffeepausen. Es senkt das Fieber und lindert die Schmerzen. Diese Scheißgrippe habe ich mir in Húnavatn geholt ... war ja klar ... da habe ich nämlich noch rumgetönt, ich wäre immer kerngesund und bekäme nie Grippe.

Aber zum Glück war ich in diesem Zustand auf ganz tollen Höfen in Strandir. Traumhafte Orte. Der gesamte Ablauf war perfekt, mir wurde alles angereicht, man nahm mir den Käfig ab, und auch die Sonde. Die Männer rannten sofort los und schlossen meinetwegen alle Fenster und Türen. Auf einem Hof wurde sogar ein Loch zugenagelt, damit die kranke Trächtigkeitskontrolleurin keinen Zug abbekommt.

Mein Kollege Logi begann einen Tag in Strandir damit, auf den Hofplatz zu kotzen. Danach ging es ihm besser. Wer weiß, ob die Leute in Strandir uns Bazillenschleudern noch einmal haben wollen.

Das Wetter ist prima, gute Straßenverhältnisse, nur ein paar glatte Stellen. Ein Glück, dass das Wetter es in dieser Saison so gut mit uns meint.

Vier Anekdoten von Ella und Heiða
beim Fötenzählen

Wenn man den ganzen Tag eine sauteure Sonde in der Hand hält, leidet die Feinmotorik. Einmal waren wir zum Nachmittagskaffee auf dem schönen Hof Dalir im Osten im Fáskrúðsfjörður, bei Ármann und Jóna … da stand eine sehr appetitliche Torte auf dem Tisch, und ich nahm das Messer und wollte mir ein Stück abschneiden. Dabei hielt ich das Messer unabsichtlich genauso fest wie die Sonde, mit dem Ergebnis, dass es durch die Torte schnellte und das Stück auf den Boden klatschte. Zum Glück war der Teller stabil genug und überlebte den Angriff. Eigentlich versuche ich, mich auf fremden Höfen nicht wie ein Trampeltier zu verhalten, und das Ganze war mir furchtbar peinlich … aber die Leute waren sehr nett und ignorierten das fliegende Tortenstück. Zu allem Überfluss war Ella zwei Jahre zuvor bei Glatteis die gesamte Außentreppe in Dalir runtergerutscht, sodass man durchaus sagen kann, wir beide haben schon mal einen besseren Eindruck hinterlassen als auf diesem Hof.

* * *

Einmal fuhren wir abends von Ísafjörður nach Hólmavík und hielten kurz in Hamraborg, dem unserer Meinung nach besten Kiosk in Ísafjörður, um Kaffee und Schokolade zu kaufen. Ich saß schon wieder im Auto, als Ella mit ihrem Kaffeebe-

cher in der Hand auf mich zueilte. Sie trug natürlich Gummischuhe, und der Parkplatz war eine einzige Eisfläche. Sie flitzt
also vor dem Wagen vorbei und verschwindet dann urplötzlich
komplett. Eine Sekunde später erscheint erst eine kräftige Hand
auf der Motorhaube des alten Lux und direkt danach Ella mit
dem Kaffeebecher in der anderen Hand. Sie geht weiter zur
Beifahrertür und steigt ein. Ich war mir des Ernstes der Lage
natürlich sofort bewusst und fragte sie: »Hast du Kaffee ver-
schüttet?« »Keinen Tropfen«, entgegnete Ella. Wir brachen in
Gelächter aus und fuhren nach Strandir.

* * *

Wir Mädels sind gut aufeinander eingespielt und nach
getaner Arbeit immer schnell fertig mit Aufräumen und Putzen. Nur einmal waren wir ziemlich unkoordiniert, und zwar
im Schafstall meiner Cousins Jónas und Ísleifur in Kálfholt. Da
griff Ella nach dem Stuhl und marschierte los, um ihn zu putzen – im selben Moment, als ich mich gerade draufsetzen und
das Gerät abkoppeln wollte. Ich landete in dem engen Treib-
gang des Schafstalls auf dem Hosenboden. Ella drehte sich um,
total verblüfft angesichts meiner Verrenkungen, woraufhin wir
beide losprusteten und noch den ganzen Tag darüber lachten.

* * *

Im Bezirk Austur-Húnavatn befindet sich der Hof mit
den meisten Schafen unserer Zählung, Uppsalir mit tausend-
zweihundert bis tausenddreihundert Tieren. Dort werden die
Helfer und wir immer gut versorgt. In einem Jahr wurde mal
wieder ein Kaffeetisch aufgebaut, man legte eine Platte auf den
Futtertrog und stellte alle Kaffeebecher, die Kaffeekanne, Do-

sen mit Butterbroten und so weiter darauf. Ella saß und zählte, während ich mich am Kaffeetisch herumdrückte. Da entwischte, wie so häufig, ein Schaf aus dem Käfig, und ich wollte es nicht aus den Augen verlieren und aufpassen, dass auch wirklich das richtige Schaf eingefangen würde. Im Eifer des Gefechts traf ich die äußerst unvernünftige Entscheidung, mich auf den Rand des Futtertrogs zu schwingen, um einen besseren Überblick zu haben, verlor aber dummerweise das Gleichgewicht und trat mit voller Wucht auf den Kaffeetisch, der an der anderen Seite hochschnellte, sodass die ganze schöne Kaffeetafel durch die Luft flog und das Glas in der Kaffeekanne in tausend Stücke zerbrach. Die haben wirklich kein Talent zur Teatime-Dame, diese Trächtigkeitskontrolleurinnen …

Telefongespräch,
8. März 2016.
Neun Uhr abends

Ich bin auf der Steingrímsfjarðarheiði. Super Straßenverhältnisse und fantastisches Wetter. Ich nehme jetzt die neue
Straße von Strandir nach Reykhólar. Ich war zum Zählen in
Svansvík am östlichen Ísafjarðardjúp.
Um Viertel nach sieben war ich fertig und bin zum Essen gegangen. Heute bin ich nicht so müde, aber diese Grippege-
schichte war anstrengend. Beim Fötenzählen muss man sich
konzentrieren, da ist eine Grippe nicht gerade förderlich. Zum
Glück kann man auf den Höfen, auf denen ich war, auch mal
krank sein.
Die Bauern hier in den Westfjorden, vor allem die Frauen, haben ein Sicherheitsnetz für mich errichtet. Sie rufen auf dem
nächsten Hof an, zu dem ich unterwegs bin, und fragen: »Ist sie
schon da?«
Diesmal war es so, dass mein fürsorglicher Freund Guðbran-
dur von Bassastaðir in Strandir, auch Brandur Bassi genannt,
auf dem Hof anrief, wo ich erwartet wurde, und meinte: »Ich
glaub, diesmal kommt sie nicht. Die ist so erkältet, die krepiert
mir noch.«
Mir geht es gut, bis auf den ewigen Husten. Fieberfrei und wieder voll bei Kräften. In den letzten Tagen habe ich im Team
mit Logi gearbeitet. Der fährt jetzt nach Hause in den Borgar-
fjörður zu seiner Frau und seiner kleinen Tochter. Morgen früh

zählen wir dann gemeinsam in Bezirk Árnes im Südland. Wir übernachten bei Fanney in Hveragerði. Gegen Mitternacht müsste ich bei ihr sein.

(An dieser Stelle riss die Verbindung ab.)

Halb zehn abends

Ich bin in Ós im Steingrímsfjörður. Habe kurz ange-
halten und bei meiner Strandir-Mama vorbeigeschaut, um vor
der Weiterfahrt noch einen Kaffee zu trinken. Lass uns in einer
halben Stunde weiterreden.

Zehn Uhr abends

Ich fahre jetzt weiter Richtung Süden. Werde gegen eins bei Fanney in Hveragerði sein. Heute Morgen bin ich, wie üblich, um sieben Uhr aufgestanden, ist also ein ziemlich langer Tag.

Ich freue mich wahnsinnig auf Fífill. Der wacht bestimmt auf, wenn ich komme, Schäferhunde sind ja Wachhunde, das hat man ihm schon als Welpe angemerkt. Es war schrecklich, ihn zurücklassen zu müssen, als ich zum Fötenzählen losgefahren bin. Für ganze sechs Wochen.

Nach Ostern gönne ich mir mal was. Ich mache eine zweitägige Motorschlittentour in Strandir. Ich bin immer gern Motorschlitten gefahren, aber nach Weihnachten war ich so müde und deprimiert wegen des Ärgers mit Suðurorka, dass ich den Schlitten gar nicht benutzt habe. Diese Einschreiben haben mich richtig mitgenommen ... außerdem war noch eine Bürgerversammlung in Kirkjubæjarklaustur, eine schwierige Sache mit sehr viel Druck. Ich war so apathisch, dass ich keine Lust hatte, Motorschlitten zu fahren. Ich dachte sogar darüber nach, ihn zu verkaufen, damit ich Geld für die Anwältin habe. Dass die Kraftwerk-Leute mich so fertigmachen, war kaum zu ertragen. Als ich dann endlich eine Anwältin hatte, die mich in diesem Kampf unterstützt und stärkt, war ich erleichtert.

Als ich die Anzeige für den Motorschlittentrip sah, habe ich sofort gebucht. Nach Ostern schmeiße ich den Schlitten auf den Anhänger und fahre rauf nach Strandir. Die Tour ist mit Reiseleitung, und wir übernachten in Djúpavík. Es wird bestimmt nett, mit einer Gruppe unterwegs zu sein. Ich fahre ja meistens allein Motorschlitten, kenne keine Gleichgesinnten. Und es ist nicht so klug, in den Bergen allein Motorschlitten zu fahren. Ich bin ein echter Motorenfan. Beim Geruch eines Zweitakt-motors kriege ich einen Adrenalinkick ... ich mag Benzin- und Ölgeruch ... das Dröhnen eines Quads oder Motorschlittens klingt für mich aufregend.

Heiða beim Poesietreffen

Wenn ich mir Facebook anschaue, frage ich mich manchmal,
ob ich einen Schaden habe oder ob alle anderen irgendwie
gestört sind. Da wimmelt es nur so von Leuten, die einen mit
ihren Gefühlen und ihrer Verzückung für ihre bessere Hälfte
überschütten. Ihr wisst schon – Fotos mit »mein Süßer hat heute
Geburtstag«, »mit dem Süßen essen gehen«, »mein Süßer führt
den Hund Gassi« und so.
Ich hatte nie das Bedürfnis nach solchen Äußerungen, bis Ende
2011, als ein stattlicher, dynamischer Typ in mein Leben trat. Ich
fühle mich unheimlich wohl mit ihm, wir erleben wunderschöne
Stunden gemeinsam in den Bergen, und ja, ich muss gestehen,
dass ich schon Fotos und kitschige Statusmeldungen über ihn
auf Facebook gepostet habe. Aber er ist auch wirklich toll.

> Pure Lebensfreude und Spaß hab ich mit dir
> ich will um nichts andres mehr bitten
> deine Stimme ist Gesang in den Ohren mir
> mein süßer Polaris 600 Motorschlitten.

Schafschurwettbewerbe

Die Verhütungsspritze hatte noch eine weitere Nebenwirkung: Sie setzte meiner Arbeit als Schafschererin ein Ende, was ich auf gewisse Weise bedaure … auch wenn es Knochenarbeit ist, noch härter als Fötenzählen, und einem in die Schultern und den Rücken geht. Aber ich habe körperlich immer schwer gearbeitet. Wenn ich das nicht tun würde, wäre ich bestimmt Dauergast im Fitnessstudio. Oder auch nicht, aber dann würde ich zweihundert Kilo wiegen.

Es macht einen Riesenspaß, an Schafschurwettbewerben teilzunehmen, damit beschäftigte ich mich jetzt, im fortgeschrittenen Alter … als ich noch beruflich geschoren habe, hätte ich das nicht gemacht. Heute ist Scheren eines meiner größten Hobbys.

Wovor ich am meisten Angst habe, ist, zum Stillstand zu kommen. Ich möchte immer wieder etwas Neues in Angriff nehmen. Etwas ausprobieren, etwas machen. Wenn man in der Landwirtschaft keine Lust mehr hat, ein neues Projekt anzugehen, sollte man aufhören.

Ich habe Kurse im Ausland besucht, um richtig scheren zu lernen … anstatt nur möglichst schnell die Wolle runterzukriegen und dafür bezahlt zu werden, so wie damals, als ich noch beruflich geschoren habe. Es macht richtig Spaß, wenn man merkt, dass man die Technik beherrscht, die Handgriffe kann und das Tier im Griff hat, das ist toll. 2017 nehme ich an der Weltmeisterschaft im Schafescheren in Neuseeland teil, direkt nach Neujahr.

Hierzulande machen nur Männer bei Schafschurwettbewerben mit, und ich werde bei der WM die einzige Frau aus Island sein. Natürlich können hier auch viele Frauen scheren, aber die haben sich bisher nicht überreden lassen, an Wettbewerben teilzunehmen.

Im Ausland sieht man viel mehr Frauen. Die Neuseeländerin Emily Welch ist Weltrekordhalterin und eine fantastische Schererin. In Neuseeland gibt es viele Frauen in diesem Sport, und die Zahl steigt. Es gibt gemischte Mannschaften, aber auch reine Frauenteams. Ich freue mich sehr auf Neuseeland ... davon träume ich seit zwanzig Jahren. Dieses Mekka für Schafe möchten bestimmt alle isländischen Schafbauern einmal im Leben sehen.

Mein Kumpel Hafliði und ich werden fünf Wochen unterwegs sein. Zuerst arbeiten wir als Scherer. Einige neuseeländische Bauern haben sich bereit erklärt, so verrückte Ausländer wie uns aufzunehmen. Wir sind Teil eines Schur-Teams, das angeleitet und trainiert wird, bekommen Kost und Logis und ein bisschen Geld, sodass die Reisekosten günstiger werden.

Später kommen Hafliðis Frau Guðný Gréta und ihre Schwester Halla nach, und wir gehen zusammen auf Reisen ... sehr nett von ihnen, dass sie mich mitnehmen. Sie haben mich als Chauffeurin angeheuert, weil schon alle den Linksverkehr in England mit mir überlebt haben.

Absolut unvergesslich bei dem Wettbewerb in Yorkshire war der Neuseeländer Sir David Fagan, eine Schafschurlegende. Er ist inzwischen schon älter, aber damals war sein Sohn mit dabei, und die beiden traten in derselben Leistungsklasse an.

Facebook-Status

*Freitagmorgen war es endlich so weit, alles fertig und ab in
den Norden ins Paradies nach Strandir. Großartige Landschaft,
großartiges Wetter, großartige Unterkunft in Djúpavík, groß-
artiger Guide und großartige Gruppe. Es war ein schönes
Wochenende, unbeschreiblich schön.
Danke, Pálmar Atli, dass du dich zu Hause um alles gekümmert
hast, sogar um die Mäuse ...*

* * *

Es ist nicht leicht, den Hof für sechs Wochen im Stich
zu lassen, wenn ich auf Fötenzähltour bin. Man trägt die Verantwortung, kann den Betrieb aber selbst nicht am Laufen halten und sich um die Tiere kümmern. Es birgt auch ein gewisses
Risiko, Mama allein zu lassen. Ich weiß, dass sie Angst hat,
wenn das Wetter verrückt spielt, und dann fühle ich mich mies,
weil ich nicht bei ihr bin. Wobei ihre Schwester Þóra dann meistens kommt. Diesmal war sie die ganze Zeit da, weil Mama noch
Probleme mit dem Bein hat.
Während der sechswöchigen Tour durchs ganze Land bleibt zu
Hause alles liegen, was ich bestimmt schon erledigt hätte, wenn
ich auf dem Hof gewesen wäre. Nach meiner Rückkehr mache
ich mich sofort an die Klauenpflege ... da führt kein Weg dran
vorbei, die Klauen wachsen bei gut genährten Schafen über-
durchschnittlich schnell. Dafür habe ich einen Klauenpflegestand, was viel leichter ist, als die Tiere selbst auf den Rücken

zu drehen. Trotzdem kann man diese Arbeit unmöglich allein machen, egal wie erfinderisch, stark und geschickt man ist. Fanney und Siggeir haben mir assistiert. Es dauert zweieinhalb Tage, die ganze Herde im Klauenpflegestand einmal auf den Rücken zu drehen.

Wenn ich damit fertig bin, folgt die Winterschur, die auch ungefähr zweieinhalb Tage dauert. Danach fällt die Anspannung von mir ab, und zwar schlagartig. Ich komme mir vor, als müsste ich vor lauter Müdigkeit sterben, und fühle mich krank. Ich hänge im Sessel und schlafe und schlafe. Schaffe es gerade so, zu füttern. Und keiner darf es wagen, mich anzusprechen. Dieser Lähmungszustand hält ein paar Tage an, dann bin ich erholt, und es geht mir wieder gut. Es ist nicht nur eine körperliche Erschöpfung, sondern auch eine geistige. Manchmal bin ich so müde, dass ich mich wie von einem Lkw überrollt fühle. Ich hatte Logi auf diesen Zusammenbruch vorbereitet ... ihm gesagt, dass er sich schrecklich fühlen würde. Und tatsächlich, als alles vorbei war, meinte er zu mir: »Jetzt verstehe ich, was du meinst! Ich hab's gerade hinter mir.«

Sobald ich wieder besser drauf bin, bereite ich die Lammzeit vor. April ist ein Monat, der sehr schnell vorbeigeht. Ab Mitte des Monats repariere ich die Zäune. Damit muss ich vor der Lammzeit fertig sein, die zum Monatswechsel April–Mai beginnt und um den 10. Mai ihren Höhepunkt erreicht. Ich habe lange Zäune, die im Winter stark beschädigt werden, weil es sehr hohen Schnee geben kann.

Im Frühjahr 2014 kam Þór Saari zum ersten Mal als Freiwilliger zum Zäunesetzen. Es hatten noch mehr Leute versprochen, mir den Rücken zu stärken, weil ich für den Kampf mit Suðurorka und für die Gemeindepolitik Zeit brauchte, die ich eigentlich nicht hatte. Was letztendlich ja auch nicht meine Privatangelegenheit, sondern eine Art Bürgerpflicht ist. Doch Þór Saari war am Ende der einzige Freiwillige, der wirklich herkam, wobei ich die versprochene Unterstützung auch nicht einforderte. Þór war fest entschlossen, zu seinem Wort zu stehen, meldete sich bei mir und fragte, ob ich etwas für ihn zu tun hätte. Inzwischen fungiert er als mein fest angestellter Zaunmeister. Er ist ein netter Typ und ein äußerst angenehmer Teamplayer ... hängt sich bei der Arbeit richtig rein und ist meistens ziemlich groggy, wenn er zur Pause ins Haus kommt und Milch und Kekse verschlingt.

* * *

Die Motorschlittentour war fantastisch ... überhaupt nicht unangenehm, die einzige Frau zu sein. Unter so vielen erfahrenen Motorschlittenfahrern und Guides ist man gut aufgehoben, und ich habe mich in der Gruppe wohlgefühlt. Ich habe einiges gelernt und mehr aus dem Schlitten und mir selbst rausgeholt als bei der Gurkerei zu Hause. Die Jungs waren gut drauf und haben viel gequatscht ... über Motorschlitten und Outdooraktivitäten. Das ganze Wochenende fiel kein einziges Wort über Agrarprodukteabkommen, Kraftwerke oder Politik. Ich höre gern zu. Ich finde es gut, wenn ich nicht viel reden muss, und habe nicht das Bedürfnis, mich in alle Gespräche einzumischen. Ich musste nicht in eine Rolle schlüpfen, wozu ich sonst manchmal gezwungen bin. Es ist angenehm, nicht im Mittelpunkt zu stehen. Dann fällt einem alles Mögliche auf, was man sonst gar nicht bemerken würde.

FRÜHLING

Der Kreislauf

Wenn der Frühling naht, beginnen die Schafe zu nerven. Sie wollen nicht länger im Stall sein und werden unruhig. Mitte Mai wird es langsam besser, wenn man sie nach dem Lammen grüppchenweise aus dem Stall lässt.

Die Arbeit des Bauern ist ein ewiger Kreislauf, der dennoch viel Abwechslung mit sich bringt. Es ist wundervoll, die Schafe im Herbst wiederzusehen, besonders einige alte Freundinnen wie Svakaspaka und die Schwestern Stika und Systa. Genauso wundervoll ist es, sie in der Lammzeit aus dem Stall zu kriegen, raus auf die Wiese und dann, etappenweise, ganz aus den Augen, hinauf ins Hochland.

Die Arbeit des Bauern ist auch eine ständige Vorbereitung. Der ganze Sommer ist im Grunde die Vorbereitung auf den Winter. Man muss Heuvorräte anlegen, die Gebäude für den Winter vorbereiten, notwendige Reparaturen durchführen, damit sie bestmöglich gegen Sturm und Schneefall gerüstet sind. Die Instandhaltung erledige ich nicht allein, da ist Siggeir wie bei vielem anderen mein Retter in der Not. Wir kümmern uns auch gemeinsam darum, die Wände der alten Torfhäuser auszubessern.

Vor dem Winter muss man alle Gerätschaften reinholen, die Werkzeuge, das gesamte Material ... Zaunpfähle, Bauholz. Alle Türen müssen abgeschlossen und verriegelt werden. Ich zurre sie fest, nagele den alten Lämmerstall zu und bete zu Gott, er möge ihn segnen. Nach den Winterstürmen spähe ich vorsichtig durch die Finger, um zu sehen, ob er noch an seinem Platz steht.

Die Zeit vergeht wahnsinnig schnell, ich habe gerade mal eine Runde um den Weihnachtsbaum getanzt, dann ist schon wieder Frühling. Im Frühling und zu Beginn des Sommers wird alles nach draußen geschafft, die Schafe, die Hühner, die Heumaschinen, der Ziegenbock. Und dann die Flaschenlämmer.

Den ganzen April bin ich in Gedanken schon bei der Lammzeit, und es ist toll, wenn das erste Lamm auf die Welt kommt. Gegen Ende der Lammzeit hat man dann gründlich die Nase voll.

Man freut sich auf die Heuernte und ist froh, wenn die geschafft ist. Wenn alles gut läuft, ist die Arbeit das pure Glück. Egal welche. Und es macht mir Spaß, wenn viel ansteht. Dann fühle ich mich gut.

Einpersonenarbeiten

Als Ella und ich mal auf Fötenzähltour waren, erklärte uns ein erfahrener Bauer, es gebe bestimmte Arbeiten, die man keinesfalls allein ausführen könne. Einen Schafbock enthornen zum Beispiel. Ella und ich schwiegen betreten, weil wir das beide schon oft allein gemacht hatten.

Aber ich gebe zu, dass es dabei manchmal so heftig zur Sache ging, dass ich anschließend keinen trockenen Faden mehr am Leib hatte. Trotzdem muss man die Böcke enthornen, wenn ihnen die Hörner ins Gesicht zu wachsen drohen ... ihnen in den Kopf wachsen, wenn man nichts dagegen unternimmt. Schlimmstenfalls ist es für das Tier schmerzhaft, wenn man die Hörner absägt. Heutzutage ist das Enthornen nur im Beisein eines Tierarztes erlaubt, und der Bock wird sediert. Zum Glück tritt dieses Problem nicht allzu häufig auf.

Grundsätzlich habe ich gelernt, mich bei den meisten Arbeiten auf mich selbst zu verlassen. Ich habe ja nicht die Möglichkeit, immer jemanden hinzuzurufen, und versuche auch, das möglichst selten zu tun. Man lernt einfach, Situationen einzuschätzen und zu überlegen, wie man sie allein bewerkstelligen kann, lässt sich etwas Neues einfallen ... auch bei Dingen, die vielleicht nicht unbedingt Einpersonenarbeiten sind.

Mit dem Quad kann ich die Schafe auch auf großen Flächen allein zusammentreiben, was zu Fuß oder mit dem Pferd völlig unmöglich wäre. Die Schafe haben gelernt, dem Quad Folge zu leisten ... wenn sie es hören, wissen sie schon, dass sie verloren haben, und laufen los.

Wenn ich die Schafe zu Fuß in den Pferch treiben will, lachen sie mich aus und machen Mätzchen ... laufen im Kreis um mich herum. Selbst wenn wir zu mehreren sind, reicht das nicht immer, doch sobald die Schafe das Quad hören, sind sie eingeschnappt und laufen dahin, wo sie hinsollen.

Fünfhundert Schafe
und eine Ziege

Meinen Ziegenbock Leiknir habe ich zu Weihnachten von fünf Freundinnen geschenkt bekommen. Er ist sehr groß und hat wuchtige Hörner, ein kräftiges Tier, das am liebsten den ganzen Hof für sich allein hätte. Ziegen fressen und trinken nicht viel und sind, was das betrifft, sehr effiziente Nutztiere.

Leiknir gehorcht und lässt sich auf den Boden fallen, wenn ich mit ihm schimpfe. Ich möchte mal einen Schafbock sehen, der sich so verhält. Ziegen haben einen ganz anderen Charakter als Schafe. Sie sind mehr wie Hunde und haben nichts von der störrischen Art der Schafe. Schafe sind so stur, die machen immer genau das Gegenteil von dem, was sie sollen. Nur reinrassige Leitschafe sind anders. Die bleiben zum Beispiel ganz ruhig, wenn man sie schert, lassen es einfach über sich ergehen und warten, bis es vorbei ist. Wenn man ein Zicklein festhält, bleibt es völlig relaxed, während Lämmer immer angespannt sind. Für mich gehören Zicklein zu den wundervollsten Tieren, die es gibt.

Leiknir wandert mit den Schafen ins Hochland und wird im Herbst zusammen mit ihnen wieder eingetrieben. Als mein Nachbar Jói letzten Sommer auf seiner Wiese Zäune setzte, sah er oben in den Felsen einen riesigen Ziegenbock und dachte, er sei verrückt geworden.

Etwa hundert von meinen fünfhundert Schafen haben Namen.

Sie heißen zum Beispiel Svakaspaka, die Superschlaue, Sírena, die Sirene, Áskorun, die Herausfordernde, oder Áratta, die Besessene. Mein Liebling ist die scheele Mora, die ist klug und brav.

Dann gibt es noch die Schwestern Æra und Væra, Ehre und Frieden, Gulrót und Rófa, Karotte und Rübe. Die Geschwister Zwiebel und Paprika leben auch noch. Ein Schaf hieß mal Sperrirófa, Prahlhans, das gehörte Adda. Für diesen Namen hatte sie sogar ein Wörterbuch konsultiert. Es wurde schmerzlich vermisst.

* * *

Wenn jemand behauptet, die Schafzucht bestehe aus endloser Schufterei bei geringem Profit, würde ich nicht widersprechen. Trotzdem lässt sich das so nicht bemessen. Da spielen zu viele andere Dinge mit rein. Ich wohne in einem großen Einfamilienhaus mit einem riesigen Garten. Einem über sechstausend Hektar großen Garten. Mama und ich leben zu zweit auf dieser gigantischen Fläche. Wie viele Menschen leben wohl in Indien auf sechstausend Hektar?

In Reykjavík zahlt man für ein Zimmer mit Küchenbenutzung neunzigtausend Kronen Miete. Die Leute in Reykjavík schuften nicht weniger, und die Zustände auf dem Mietmarkt sind der Wahnsinn. Man wird einfach aus seiner Wohnung geschmissen und kann sich keine eigene leisten. Und wer als nicht kreditwürdig eingestuft wird, muss noch höhere Mieten zahlen.

Bäuerin zu sein hat viele Vorzüge. Wer, so wie ich, eine Schwäche für Motorschlitten und Quads hat, braucht nicht erst einen Anhänger, um die Fahrzeuge aufs Land zu transportieren, wo man sie fahren kann. Man lässt einfach den Motor an und und braust los. Außerdem ist es ein Privileg, sich gut und gesund ernähren zu können, mit Lebensmitteln, von denen man weiß, woher sie stammen. Und man ist absolut selbstständig. Das ist unbezahlbar.

Natürlich muss man flexibel sein und sich nach der Witterung und den Naturgewalten richten. In manchen Jahren ist die Arbeit wegen Frost und Nässe schwieriger. Man fährt eine schlechte Ernte ein, hat Scherereien mit den Lämmern. Letztes Jahr musste bis weit in den Sommer Heu gefüttert werden. Das war sehr arbeitsintensiv und kostspielig. Man kann den Betrieb nie genau kalkulieren.

Der helle Hof

Der Lehrer und Schriftsteller Stefán Hannesson verbrachte bis zum Alter von zwölf Jahren seine Kindheit in Ljótarstaðir. Sein schönes Gedicht *Ljótarstaðir* beschreibt den Lebenskreislauf, der mir stets gegenwärtig ist und meiner Ansicht nach unbedingt fortbestehen sollte. Schaf folgt auf Schaf. Mensch folgt auf Mensch. Am Anfang des Gedichts spricht er den Hof direkt an:

> Ljótarstaðir, lang ist's her
> spielte ich auf deinen Wiesen
> grün, verschneit, vereist, getaut.
> Märchenhaft ist die Erinnerung
> an jene Jahre. Ein Feuerwerk an
> Heiterkeit, Sterne, Sonne, Frühling.
> Der Klang der Orte ringsumher
> schmücken des Lebens alte Spur.
>
> Hóll und Bali, Austurtún und Enni,
> Ytrarof und Moldir, Stakkatún.
> Wunderschön auch wenn's mal schneit
> auf Sýrdalshraun und Fjalldalsbrún.
> Hier war das Leben kein leichtes Spiel
> gearbeitet wurde immerzu.
> Im Sommer, Winter, Frühjahr, Herbst
> fand man seine Freude im Tun.

Als Stefán dieses Gedicht schrieb, wurde der Hof vor-
übergehend nicht bewirtschaftet, einige Jahre lang, bis meine
Großeltern 1952 mit Papa und seinen Geschwistern herzogen.

Eine Zeile lautet so:

Nun ist mein heller Hof verlassen ...

Genau diese Bedeutung birgt für mich der Hofname
Ljótarstaðir: der helle Hof.

Menschen und
Menschenkenntnis

Ich weiß nicht, ob ich eine gute Menschenkennerin bin. Zumindest habe ich mir, was das betrifft, schon mal die Finger verbrannt. Wenn ich eine Person mag, gehe ich mit ihr durch dick und dünn. Aber wenn einer den Bogen überspannt, lasse ich ihn abblitzen und gebe ihm keine Chance mehr.

Manchmal mag ich jemanden und würde ihn gern besser kennenlernen, werde aber nicht wahrgenommen ... damit kann ich schlecht umgehen, und ich bin auch nicht gut im Kontakthalten. Wenn man Besuche nicht erwidert, geben die Leute irgendwann auf und kommen gar nicht mehr. Das rächt sich natürlich insofern, als mein Kontaktnetz überschaubar ist und ich weniger Freundinnen habe, als ich eigentlich haben könnte ... um zu quatschen, sich auszutauschen und Spaß zu haben, falls dafür mal Zeit bleibt.

Natürlich gibt es auch einige Leute, mit denen ich nichts zu tun haben will ... in der Regel versuche ich aber, die Menschen so zu nehmen, wie sie sind. Leute, die engstirnig und voreingenommen sind, gehen mir schnell auf die Nerven. Ich mag keine Vorurteile gegenüber Hautfarbe, Geschlecht, sexueller Neigung oder Herkunft. Ich mag keine Gewalt gegen Menschen oder Tiere. Ich mag keine Aburteilung und Lästerei. Wer über alles und jeden schlecht redet, der redet garantiert auch schlecht über mich.

Ich habe ein starkes Empfinden für die Kluft zwischen den Leuten in Reykjavík und der Landbevölkerung. Manchmal hört man Sprüche, von wegen die Reykjavíker wären unfähig, die könnten noch nicht mal bei Schnee Auto fahren. Aber die Reykjavíker haben bestimmt andere Qualitäten, die wir hier auf dem Land nicht haben.

Emotionale Verschwendung

Ich habe keinen blassen Schimmer, was Männer von mir halten, und kriege gar nicht mit, wenn einer in mich verknallt ist. Darüber mache ich mir überhaupt keine Gedanken und merke es nur, wenn jemand es offen anspricht. Ich bin kein Single, der wegen Mangel an Verehrern zu Hause hockt und Rotz und Wasser heult. Im Lauf der Jahre habe ich schon die unterschiedlichsten Angebote bekommen. Männer empfehlen sich selbst, ihre Söhne oder ihre Väter und rufen auch schon mal betrunken an: »Brauchst du keinen Hofarbeiter?« »Ich bin superstark.« »Ich kann Trecker reparieren.« Manchmal kriege ich Briefe oder Päckchen mit Schmuck und allem möglichen Zeug. Das Beste war, als mein Vetter mir mal einen Verehrer vorbeischickte ... da er seine Cousine gut kannte, empfahl er ihm als Mitbringsel keine Blumen oder Pralinen, sondern Hammer und Starthilfekabel. Trotzdem begriff ich erst viel später, was der Typ wirklich wollte ... ich bedankte mich für die Geschenke, holte meinen alten Papa, bat ihn, mit dem Gast zu plaudern, und machte, dass ich wegkam.

Ich registriere durchaus, dass manche Leute mir gegenüber Minderwertigkeitsgefühle haben und beispielsweise sagen: »Du bist so selbstständig!« Das habe ich allerdings auch schon von Leuten gehört, die mir unbedingt gute Ratschläge geben wollten ... ich solle nachgiebiger sein, unschuldige Rehaugen aufsetzen, nicht immer so selbstbewusst wirken ... geradezu bedrohlich, da bekämen die Männer ja Komplexe, und ich würde nie einen abkriegen. Als ob das der einzige Zweck im Leben wäre …

Ich bin nicht nur selbstständig, sondern auch sehr groß, und es herrscht immer noch die gängige Vorstellung, dass der Mann größer sein soll als die Frau. Man hat's aber auch wirklich nicht leicht auf dieser Welt! Wenn Männer sich von mir bedroht fühlen, ist das deren Problem … mir ist das völlig schnuppe. Vielleicht habe ich schon ein so dickes Fell, dass alles an mir abprallt.

Ich habe mal eine Definition von Romantik gehört, die mir gut gefiel. Sie stammt aus den Ostfjorden. Da wird die Sache mit zwei Worten abgehandelt: emotionale Verschwendung. Manchmal sage ich sowohl im Spaß als auch im Ernst, ich sei genauso romantisch wie ein Block tiefgefrorener Kabeljau.

Liebesdinge stehen bei mir nicht an oberster Stelle, und ich bin sehr vorsichtig, wenn es um feste Bindungen geht. Schon auf der Gesamtschule in Selfoss machten sich die meisten anderen Mädchen viel mehr Gedanken übers Heiraten und Kinderkriegen als ich. Bei mir ging es um andere Dinge … welchen Beruf ich ergreifen wollte … wo ich wohnen wollte … wohin ich reisen wollte.

Gleichzeitig bin ich froh, dass ich weiß, wie toll das Familienleben sein kann, zum Beispiel bei meiner Freundin Linda. Dadurch habe ich eine Verbindung zu einer anderen Welt und kann miterleben, wie zufrieden diese Familie ist und was für tolle Kinder sie hat. Ich glaube schon, dass es ein glückliches, traditionelles Familienleben geben kann … mir ist durchaus bewusst, dass man ein erfolgreiches Leben auch anders gestalten kann, als ich das tue.

Ich weiß noch, wie ich als Kind darüber nachdachte … warum muss das Leben so langweilig sein, wenn man erwachsen ist? Ich fand es merkwürdig, dass das Leben dann in geordneten

Bahnen verlaufen sollte. Vielleicht war das die Ansicht hier auf dem Hof, dass man, wenn man groß ist, nicht mehr durch die Gegend tingeln und Luftschlösser bauen soll.

Als ich klein war, verstand ich auch nie das Gerede darüber, dass ich mein eigenes Heim gründen könne, sobald ich einen Mann hätte. Wozu sollte ich heiraten? Warum brauchte ich einen Mann, um mein eigenes Heim zu gründen? Man ging fest davon aus, dass ich Kinder bekommen würde. Ich verstand das einfach nicht.

Dabei kann ich gut mit Kindern umgehen. Sie mögen mich immer sofort. Die Schüler, die ich in Kirkjubæjarklaustur unterrichtet habe, in Sport und als Klassenlehrerin, waren super, und ich war unheimlich gern mit ihnen zusammen. Sie liebten mich, und bei Spaziergängen oder Freizeitaktivitäten klebten meistens drei oder vier Zwerge an mir.

Ich war jünger als die anderen Lehrer und alberte viel mit den Kindern herum. Manchmal blockierten die größeren Jungs den Flur und bildeten eine Phalanx, die ich durchbrechen musste. Das war aber kein Mangel an Disziplin … wenn sie mussten, hörten sie auch auf mich.

19. April

Schon heute Morgen hatte ich diese üble Vorahnung.
Ich hatte schon Angst, ein Schaf würde krank. Doch dann er-
klärte Ólafur Ragnar Grímsson seine erneute Präsidentschafts-
kandidatur. Absurd, wenn die Leute nicht aufhören können.
Wie die alten Bauern, die auf ihren Höfen sitzen und keine
Nachfolgeregelung treffen.

Ljótarstaðir im Mai – Lammzeit

Manchmal ist die Lammzeit wie ein schlechter Horrorfilm, meistens aber schön und faszinierend. Man ist Hebamme und Geburtshelfer, muss sehr genau und unter großem Druck arbeiten. Ab und zu ist es aber, wie gesagt, auch ziemlich widerwärtig.

Wenn ein Schaf nicht gebären kann, fackeln manche Bauern nicht lange und erschießen es. Das ist für mich unvorstellbar. Ich hole den Tierarzt, damit er einen Kaiserschnitt macht, was sauteuer ist, sich aber am Ende auszahlt, wenn das Lamm lebend zur Welt kommt und das Mutterschaf auch weiterhin gesunde Lämmer bekommen kann.

Lars Hansen, der Tierarzt, hat letztes Jahr zwei Kaiserschnitte für mich gemacht. Dann wird ein OP-Tisch aufgebaut und das Schaf in Narkose versetzt. Der Schnittbereich wird desinfiziert und rasiert und dann der Uterus geöffnet. Ich bin immer dabei … mir machen solche Operationen nichts aus.

Die Mutterschafe sind einfach perfekt. Ihr Uterus zieht sich in Sekundenschnelle zusammen, und der Muttermund schließt sich unglaublich schnell wieder. Deshalb muss man rasch nähen … die Gebärmutter und zwei Bauchschichten. Die Nähte lösen sich später von selbst auf, aber am Anfang ist die Naht ausgebeult wie beim Innereienkochen, wenn man einen Schafmagen mit Leberwurst füllt und zunäht. Bei der Schur im Herbst ist von dieser OP keine Falte und keine Narbe mehr zu sehen.

Nach der Operation bekommen die Mutterschafe Schmerzmittel – und Penizillin, um einer Entzündung vorzubeugen. Sobald sie wieder aufgewacht sind, säugen sie und kümmern sich um ihre Lämmer. Ich hatte nach einem Kaiserschnitt noch nie Schwierigkeiten mit einem Schaf.

Die Lammzeit dauert ewig. Ich strecke sie absichtlich über einen längeren Zeitraum, während die Böcke auf vielen anderen Höfen alle gleichzeitig in die Herde gelassen werden. Bei mir dauert die Saison vom 27. April bis Ende Mai und erreicht ihren Höhepunkt zwischen dem 10. und 17. Mai. Fanney hilft mir ab und zu und übernimmt die Nachtwachen. Ihre Tochter María Ösp war schon als kleines Kind zur Lammzeit auf dem Hof und stellt sich sehr geschickt an. Dieses Jahr bleibt sie die gesamte Zeit über hier. Früher nahm Birna sich immer frei und kam für zehn Tage, wenn am meisten zu tun war.

Das Frühjahr 2015 war extrem hart, mit Kälte und Schnee den gesamten Mai. Viele Mutterschafe mussten bis zum Juni im Stall bleiben, samt ihren Lämmern, was sehr viel Arbeit bedeutet. Die Mutterschafe dürfen aus gesundheitlichen Gründen keinesfalls im Nassen liegen, sonst besteht die Gefahr von Gebärmutterentzündungen und anderen Krankheiten. Während der Lammzeit müssen die Ställe sauber und mit trockenem Stroh eingestreut sein. In jenem Frühjahr verbrauchte ich vierzehn Rundballen Stroh – was gar nicht so viel mehr ist als sonst. Stroh ist teuer … das geht ziemlich in die Kosten. Es war wirklich eine schwierige Zeit, aber der anschließende gute Sommer entschädigte einen dafür. Hoffentlich ist man so schlau, noch ein paar Jahre lang dankbar dafür zu sein. Ein guter Sommer baut einen nach solchen Wetterkapriolen wieder auf. Dabei kommt so was gar nicht so selten vor. Aber man vergisst so schnell.

Heutzutage haben die Mutterschafe mehr Probleme beim Lammen, weil die Lämmer größer geworden sind. Und die Schafe sind nicht mehr so gut in Form wie früher … jetzt liegen sie den ganzen Winter im Stall und ächzen, weil sie so vollgefressen sind. Es ist nicht ungewöhnlich, dass ein Lamm falsch liegt oder mehrere Lämmer ineinander verschlungen sind, und viele Mutterschafe brauchen aus den unterschiedlichsten Gründen Hilfe beim Lammen.

Ich benutze sehr häufig eine Geburtszange oder eine Geburtsschlinge. Letzteres ist kein sonderlich kompliziertes Gerät, ein Röhrchen mit einem kunststoffüberzogenen Draht. Damit helfe ich jeden Tag einer recht großen Anzahl von Lämmern. Meistens haben die Lämmer zu große Hörner, vor allem die Böcke. Dann benutzt man die Schlinge, und die Geburt geht schneller vonstatten und ist für das Mutterschaf und das Lamm wesentlich angenehmer. Lieber helfe ich, als dass die Schafe sich längere Zeit abmühen müssen.

Das Ganze ist eine regelrechte Kunst. Man darf nicht zu voreilig sein, nicht helfen, bevor die Schafe bereit sind und sich geöffnet haben. Man muss ihnen Zeit lassen … so etwas lernt man.

Sobald die Geburt einsetzt, muss man kontrollieren, ob das Lamm richtig liegt. Wenn nicht, greift man früher ein.

Während ich den Mutterschafen helfe, rede ich ununterbrochen auf sie ein, beschwöre sie, ruhig zu bleiben, und verspreche ihnen, dass alles gut wird. Das beruhigt sowohl die Schafe als auch mich. María hat das von mir übernommen. Wobei ich glaube, dass es normal ist, dass Bauern viel mit ihren Tieren sprechen.

Man muss zwar immer darauf achten, dass die Mutterschafe ausgeglichen sind, aber in der Lammzeit ganz besonders. Wenn sie sich aufregen, treten sie sich gegenseitig oder die Lämmer der anderen oder wollen ihr eigenes Lamm nicht annehmen.

* * *

Dieses Jahr habe ich im März eine Anzeige auf Facebook gepostet:

Suche dringend für den gesamten Mai oder die erste Maihälfte eine Hilfskraft für die Lammzeit. Mithilfe bei allen anfallenden Arbeiten mit den Lämmern, nachmittags sowie nachts bis zum ersten Hahnenschrei, also ungefähr bis 4 Uhr. Erfahrung in der Landwirtschaft und mit dem Lammen wünschenswert. Guter Umgang mit Tieren, organisierte Arbeitsweise und Sauberkeit unabdingbar. Ausdauer, Motivation und gute Laune am allerwichtigsten.

Sandra kommt auf den Hof, sie ist gelernte Landwirtin, hat Erfahrung mit dem Lammen und bleibt einen Monat, gemeinsam mit María und mir.

Der Ertrag des Schafbauern beruht auf der Lammzeit. Man braucht viel und gutes Heu und muss die Mutterschafe so umsorgen, dass die Lämmer einen guten Start ins Leben bekommen, dann sind sie im Herbst schön. Von der Lammzeit hängt alles ab.

Dieser Betrieb ist nicht mit einer normalen Firma vergleichbar, weil der Ertrag an das Wohlbefinden von Lebewesen gebunden ist. Man mag gar nicht daran denken, dass die Tiere einem Sturm oder Brand zum Opfer fallen oder verunglücken könnten.

Diesen April hatte sich ein Schaf im Stall festgelegen. Die Tiere dürfen nicht lange auf dem Rücken liegen, sonst ersticken sie, weil der Magen nach vorn rutscht und auf die Organe im Brustkorb drückt. Das Schaf lebte noch, konnte aber nicht mehr aufstehen und wurde verletzt, weil die anderen über es hinwegtrampelten. Da ließ sich nichts anderes machen, als das Gewehr zu holen.

Schafe müssen schnell wieder auf die Beine kommen, sonst liegen sie sich wund. Dann leben sie meistens nicht mehr lange, aber man macht weiter, verabreicht ihnen teures Penizillin, obwohl man weiß, wie es ausgehen wird. Es gelingt fast nie, ein Schaf wieder hochzukriegen, nachdem es zwei, drei Tage gelegen hat. Trotzdem versucht man es weiter ...

* * *

In den letzten Wochen vor dem Lammen muss man sehr viel Heu füttern. Die Föten sind bis zu diesem Zeitpunkt noch so klein wie Bohnen und wachsen in den letzten Wochen rapide. Wenn die Mutterschafe dann nicht genug zu fressen bekommen, schwächeln sie schnell. Mutterschafe mit drei Lämmern brauchen am meisten, die werden von den anderen getrennt. Während dieser Zeit werden gut drei Rundballen Heu pro Tag verfüttert. In der Lammzeit bekommen die Tiere noch mehr. Ich füttere zweimal täglich. Ein Rundballen wiegt ungefähr sechshundert Kilo, ich transportiere die Ballen mit dem Traktor und dem Gabelstapler. Fífill fühlt sich im Schafstall inzwischen wie zu Hause. Svakaspaka mag er besonders, er knabbert an ihren Hörnern und nimmt ihren Kopf ins Maul. Das sieht ziemlich gruselig aus, aber die beiden sind dicke Freunde.

* * *

Ich hatte in der Lammzeit selten so viele Helfer. Wir sind zu dritt ... so verwöhnt war ich noch nie. Aber ich brauchte richtige Verstärkung, denn Mama wird schmerzlich vermisst. Sie kann wegen ihres kranken Beins nicht im Schafstall helfen. In meiner ersten Zeit übernahm Mama immer die Nachtwachen, und in den letzten Jahren war sie meistens tagsüber dabei und kümmerte sich komplett um das Füttern der Lämmer. Es dauert eine Ewigkeit, die Flaschenlämmer und alle anderen, die zusätzlich Milch brauchen, zu füttern.

María, Sandra und ich arbeiten in Schichten. María und ich stehen um vier Uhr nachts auf und arbeiten bis circa acht Uhr abends. Danach versuche ich, möglichst nicht mehr zu arbeiten und früh ins Bett zu gehen. Es ist Luxus, sechs Stunden am Stück schlafen zu können.

Sandra fängt zur Kaffeezeit an zu arbeiten und kommt gegen vier Uhr nachts zurück ins Haus. Mit den Geburten kommt sie gut allein zurecht und muss mich nicht wecken. Sandra ist mit dem Flugzeug angereist, ihr Vater ist Pilot. Die beiden sind draußen auf der Wiese gelandet – wenn schon, denn schon!

Stella war fünf Tage lang hier, als am meisten los war. Fanney kam auch kurz vorbei. Während der Lammzeit kommt es für mich nicht infrage, den Hof zu verlassen, es sei denn, Fanney löst mich ab und übernimmt das Kommando. Das hat sie die beiden Male gemacht, als ich ganztägig wegmusste, um auf Konferenzen in Reykjavík zu sprechen. Ich würde es keinem anderen zutrauen, einfach so einzuspringen. Wer die Lammzeit kennt, versteht das. An einem einzigen Tag kann unendlich viel aus dem Ruder laufen, finanziell und emotional. Ich wäre aber auch nie weggefahren, wenn ich nicht gewusst hätte, dass alles klargeht.

* * *

Meine Schafe sind ziemlich streitlustig, besonders gegenüber Fremden. Sandra bekam das schon zu spüren und hat jede Menge blaue Flecken. Bei mir und María, die hier mit allem vertraut ist, benehmen sie sich besser. Letztes Jahr habe ich mir richtige Sorgen um die Helferin gemacht, sie war sehr klein und schmal, aber alles ging gut.

Die Schafe befinden sich in vier verschiedenen Ställen und draußen auf der Wiese. Die Schafe auf der Wiese müssen ebenfalls versorgt werden. Wir bringen ab und zu Rundballen hin und schauen nach ihnen.

In der Lammzeit kommt es immer mal vor, dass ein Schaf stirbt, ohne dass man den Grund kennt. Gestern habe ich Pálína tot auf der Wiese gefunden. Ich weiß nicht, woran sie gestorben ist. Ihre Lämmer standen laut blökend neben ihr. Sie wussten, was los war, und liefen um mich herum, als ich sie vergrub.

Das habe ich sofort gemacht. In diesem Fall ging es nicht mit der Traktorschaufel, weil sie in einem Graben gestorben war. Deshalb musste ich mit der Hand schaufeln. Ich habe einen Horror vor Kadavern und vergrabe sie immer schnell.

Pálína war weiß mit schwarzem Kopf, schwarzen Beinen und schwarzem Bauch, ein wunderschönes Tier, und ein großer Verlust. Sie hatte immer sehr hübsche Lämmer in derselben Farbe. Aber die Lämmer aus diesem Jahr werden im Sommer schlecht wachsen, weil sie ihre Mutter verloren haben. Sie sind schon zu alt, um mit der Flasche gefüttert zu werden. Jetzt kann ich nur hoffen, dass sie zusammenhalten und auf der Wiese bleiben.

* * *

Die Lammzeit besteht nicht zuletzt darin, die Schafe andauernd umzustellen – ein ständiges Neusortieren, damit stets genug Platz ist für die Neugeborenen, für die Mütter mit den ganz kleinen Lämmern. Insgesamt werden es um die vierzehnhundert Tiere sein, das muss straff organisiert werden.

Vier bis fünf Tage nach der Geburt bleiben die Tiere in den Boxen, immer zwei Mutterschafe plus Lämmer. Zu unseren Aufgaben gehört es, alle Lämmer zu markieren, bevor sie die

Boxen verlassen ... sie werden am Tag ihrer Geburt mit Nummern versehen. Diese Aufgabe übernimmt diesmal Sandra. Wenn sie zur Kaffeezeit in den Stall kommt, nummeriert sie alle Tiere, die an diesem Tag geboren wurden. Die Lämmer müssen sofort mit Plastikmarken an den Ohren registriert werden, damit man leichter herausfinden kann, zu wem sie gehören, wenn sie aus den Boxen entwischen.

Das Allerwichtigste ist, dass man die Orientierung über die Herde nicht verliert, dass man weiß, wo sich jedes einzelne Schaf und jedes Lamm zu jeder Zeit befinden. Wenn die Lämmer vier bis fünf Tage alt sind, bringe ich die Schafe in einen größeren Laufstall, meistens mit Zugang zu einem Auslauf. Bevor ich sie von dort zur Hauswiese fahre, bekommt die ganze Truppe eine Wurmkur. Von der Hauswiese kommen die Tiere dann auf die großen, eingezäunten Weideflächen und schließlich auf die Hochlandweiden.

Die Lammzeit ist ein ständiges Umsortieren. Man muss immer genug Platz einkalkulieren ... vor der Nacht braucht man zum Beispiel bis zum nächsten Morgen ausreichend Platz für die neugeborenen Lämmer und ihre Mütter. Wenn man die Tiere in die Boxen bringt, wo sie die erste Zeit nach der Geburt bleiben, nimmt man das Lamm, und die Mutter läuft hinterher. Dabei muss man darauf achten, dass die Mutter ihr Lamm nie aus den Augen verliert.

Sobald sich die Ställe füllen, müssen die ältesten Lämmer raus auf die Hauswiese, und eine neue Ladung kommt auf die nun frei gewordene Fläche. Wenn alle Lämmer geboren sind, wird es sehr eng, und man braucht große Weideflächen.

Eine der Aufgaben, die man gar nicht oder nur schlecht allein bewältigen kann, ist, die Schafe im Auslauf in Gruppen zu unterteilen, bevor man sie zur Hauswiese fährt. Es herrscht ein einziges Gewusel, und die Lämmer müssen ihren Müttern richtig zugeordnet werden. Ich transportiere immer acht Schafe mit ihren Lämmern auf dem Anhänger. Wenn ich sie auf die Wiese gelassen habe, warte ich einen Moment und vergewissere mich, dass nichts schiefgegangen ist.

Alle Schafe müssen entwurmt werden, bevor sie auf die Wiese kommen. Zu diesem Zeitpunkt wiegen die Lämmer, je nach Alter, etwa fünf bis zehn Kilo. Ich muss sie einzeln hochheben und ihnen die Wurmkur ins Maul verabreichen ... wie viele Kilos ich dabei in einer Stunde stemme, darüber habe ich noch nie nachgedacht ... wahrscheinlich ähnlich viele wie diese Crossfit-Mädels mit den Kugelhanteln!

In dieser arbeitsintensiven Zeit ist es sehr wichtig, Prioritäten zu setzen. Wenn zusätzliche Arbeiten anfallen, muss man entscheiden, was noch warten kann.

* * *

Die Lämmer machen unglaublich viel Arbeit. Man muss sich die Neugeborenen schnappen, bevor sie anfangen zu saugen, die Zitzen der Mutterschafe säubern und den Lämmern die Kolostralmilch ins Maul spritzen, denn die ist wichtig für den Aufbau von Abwehrkräften. Außerdem muss man ihnen Joghurt einflößen, um die Bildung schützender Bakterien im Körper anzuregen. Wenn sich die Lammzeit ihrem Ende entgegenneigt und die Feuchtigkeit und Wärme in den Ställen zunehmen, kommt häufig Colibazillose auf, wogegen man den Lämmern direkt nach der Geburt ein Medikament geben muss. Es handelt sich dabei um eine bakterielle Infektion, und man verabreicht dieselben Medikamente wie gegen Durchfall.

Bei der Arbeit schreiben wir alle wichtigen Punkte auf eine Tafel: Lämmer, die zusätzliche Milch benötigen, Mutterschafe, die gespritzt werden müssen. Die Boxen sind nummeriert, damit man das betreffende Lamm auch sicher findet. Wir notieren alles, weil man unglaublich schnell etwas vergisst und sehr viele Dinge im Kopf behalten muss. Wenn Sandra ihre Schicht beginnt, haben wir alles für sie auf die Tafel geschrieben, und sie notiert wiederum alles Wichtige, bevor María und ich gegen vier Uhr nachts in den Stall kommen.

In der Landwirtschaft muss man immer wachsam sein, und in der Lammzeit ganz besonders. Man muss die Gruppen von Schafen genau inspizieren, lauschen, ob nicht aus irgendeiner Ecke ein seltsamer Laut dringt, wenn zum Beispiel ein Schaf auf einem Lamm liegt. Außerdem muss man achtgeben, dass die Lämmer sich nicht zu früh selbstständig machen – sodass die Mutter sie nicht mehr trinken lassen will.

Wenn ein Lamm nämlich durch die Gegend rennt und sich eine Zeit lang von seiner Mutter löst, kann es Probleme geben. Dann tut das Mutterschaf womöglich so, als würde es sein Lamm nicht wiedererkennen. Das geht mir furchtbar auf die Nerven.

Mutterschafe können, wie gesagt, ziemlich rabiat sein, und von der Sorte haben wir gerade ungewöhnlich viele Exemplare, vor allem Mütter mit zwei Lämmern, die ein Lamm ablehnen. Denen muss man helfen und hoffen, dass sich dieses Verhalten legt, aber es regt mich auf.

Wenn wir es nicht schaffen, die Mutter an das Lamm zu gewöhnen, wenn wir zu spät merken, dass etwas nicht stimmt, geht das auf unsere Kappe. Es ist nicht ganz einfach, das zweite Lamm einem Mutterschaf mit nur einem Lamm unterzuschieben, besonders bei älteren Schafen. Die wissen manchmal ganz genau, dass sie nur ein Lamm hatten.

Wir haben jetzt elf Flaschenlämmer, so viele wie noch nie. Sie müssen alle vier Stunden gefüttert werden. Plus weitere zehn Lämmer, die zusätzliche Milch bekommen, weil ihre Mütter nicht genug haben.

Morgens und abends wird Heu gefüttert. Das dauert lange, weil die Tiere an vier verschiedenen Stellen stehen, von denen zwei nicht direkt am Hof liegen. Auf den Hauswiesen muss auch Heu gefüttert werden. Die Lammzeit ist für die Mutterschafe sehr anstrengend. Solange sie säugen, brauchen sie erstklassiges Heu; Gras, das gemäht wird, wenn es noch in der Wachstumsphase ist. Für Mutterschafe mit zwei Lämmern ist es noch anstrengender. Sie müssen auch von ihren eigenen Kraftreserven zehren, unabhängig davon, wie viel Futter sie bekommen.

Die Lämmer sollten im Alter von zwei Wochen oder früher anfangen, Gras zu zupfen oder Heu zu fressen, und Zugang zu Wasser haben. Anderenfalls schwächen sie die Mutterschafe zu sehr. Mit zwei Wochen sind sie oft noch im Stall und lernen, Heu zu fressen, sodass sie im Herbst keine Probleme mehr damit haben. Früher blieben die Tiere nicht so lange im Stall und die Lämmer lernten im Frühling nicht, Heu zu fressen. Dann konnte es schwierig werden, es ihnen im Herbst beizubringen.

Einmal täglich müssen die Ställe mit Stroh eingestreut werden. Stroh ist in der Lammzeit sehr wichtig, damit die Tiere trocken bleiben. Es besteht aus gedroschenen, trockenen Halmen und Blättern von Getreide und ist mausetot, da ist nichts Nahrhaftes mehr drin. Unser Stroh wurde den ganzen Winter gelagert, im April gebündelt und ist besonders trocken und gut. Ich habe es diesmal bei meiner Nichte Arndís in Meðalland gekauft.

Zu den täglichen Arbeiten gehört auch, zweimal täglich mit dem Quad Dreißig-Liter-Kanister mit Wasser zu zwei Stellen zu fahren.

Man muss achtgeben, dass man zueinander passende Mutterschafe mit ihren Lämmern zusammen in eine Box steckt. Es bringt nichts, ein zurückhaltendes Mutterschaf mit einem dominanten zusammen zu sperren. Als Fanney letztens hier war, machte uns eins schwer zu schaffen. Wir hatten zwei Mutterschafe mit ihren neugeborenen Lämmern in einer Box, als Fanney plötzlich Lärm und Getrappel hörte. Da hatte das Viech das Lamm der anderen so böse gestoßen, dass ihm Blut aus der Nase floss. Es hatte einen Schädelbruch.

Normalerweise stupsen die Schafe die Lämmer nur mit der Schnauze an, wenn sie von ihnen genervt sind, und stoßen nicht richtig zu, so wie dieses. Auffällige Schafe, die solche Verhaltensweisen an den Tag legen könnten, isolieren wir vorsichtshalber von den anderen. Danach waren Fanney und ich richtig geschockt ... Fanney war immer noch ganz aufgelöst, als sie wieder zu Hause war. Wir hatten das Gefühl, dass wir es hätten vorhersehen müssen.

Das Mutterschaf mit dem verletzten Lamm brachten wir in eine andere Box. Es lebte nur noch wenige Stunden.

Natürlich nimmt einen so etwas mit, genau wie viele andere Dinge, die beim Lammen schiefgehen können. Doch wer das Glück hat, etwas zu besitzen, muss es auch aushalten können, es zu verlieren.

Ich habe jetzt an vier Tagen hintereinander jeweils ein Lamm verloren und musste es begraben. Schon merkwürdig, dass niemals nur ein Lamm stirbt, sondern immer gleich mehrere. Bei derart vielen Tieren sind Einbußen unvermeidlich, nur seltsam, dass es immer geballt passiert.

In der Lammzeit ist man ständig besorgt, dass eine Seuche ausbrechen könnte. Diese Gefahr besteht besonders, während die Tiere dicht gedrängt im Stall stehen. Sie wird größer, wenn die Lammzeit zu Ende geht, die Temperatur steigt und die Feuchtigkeit in den Ställen zunimmt. Selbst wenn die Tiere in den Ausläufen vor den Ställen und anschließend auf der Wiese sind, besteht eine gewisse Ansteckungsgefahr. Vor ein paar Jahren habe ich an einem Morgen zehn Lämmer durch eine Infektion verloren. Sie bekamen Durchfall und kollabierten in kürzester Zeit. Birna und ich reagierten sofort und konnten eine weitere Ausbreitung verhindern, indem wir vorsorglich Medikamente verabreichten.

Die Medikamente für die Lammzeit kosten ziemlich viel Geld, mindestens hunderttausend Kronen. Zweimal im Jahr gebe ich Wurmkuren. Das ist absolut notwendig, damit die Schafe nicht für Tausende von Würmern fressen. Durch diese Medikamentengaben steigert sich die Fruchtbarkeit, und die Lämmer werden schwerer, weil sie in einer sauberen Herde besser gedeihen als in einer ungepflegten und befallenen.

In der isländischen Schafzucht werden im Allgemeinen wesentlich weniger Medikamente verabreicht als anderswo, besonders Antibiotika. Die Penizillin- und Antibiotikagaben der Tierärzte werden sehr streng kontrolliert. An Orten, wo die Tiere das ganze Jahr auf kleinen Weideflächen gehalten werden, wie zum Beispiel in England, werden alle ein bis zwei Monate Wurmkuren verabreicht. Hier in Island ist es natürlich auch kälter, das hat Vorteile.

Fífill und die Lammzeit

Da Fífill es mir übel nimmt, wenn er nicht mit raus darf, habe ich ihm während der Lammzeit ziemlich oft erlaubt, mit in den Stall zu kommen, aber bei den Lämmern muss er unter Aufsicht sein. Er ist ja noch ein Junghund, obwohl er schon so groß ist, und ich kann ihm noch nicht hundertprozentig vertrauen. Er könnte die Lämmer beim Spielen verletzen und Blutgeruch wittern. Es wäre sehr viel Arbeit, ihm das wieder abzugewöhnen.

Ein zusätzliches Problem in der letzten Lammzeit war, dass Fífill stark abgenommen hatte und kraftlos war, besonders in den Hinterbeinen. Ich dachte schon, es sei etwas Ernstes, Hüftgelenksdysplasie oder so. Fanney kam vorbei, holte ihn ab und brachte ihn zum Röntgen in die Tierklinik bei Selfoss.

Das Problem bestand darin, dass Fífill übermüdet war und nicht genug fraß. Hunde sollten möglichst sechzehn Stunden am Tag schlafen, aber er war so aufgeregt, weil er mitdurfte, dass er sich richtig auspowerte. Außerdem war er so schnell gewachsen, dass seine Muskeln sich nicht mitentwickelt hatten.

Es war also ein Teufelskreis: Fífill hatte vor lauter Müdigkeit keinen Appetit. Ich habe versucht, ihn zu überlisten, indem ich so tat, als würde ich sein Futter Marías Hündin Ronja geben. Aber Adda meinte, das sei keine gute Methode. Fífill könne dadurch Futterneid bekommen. Sie riet mir, ihm gefrorenen Putenhals und Rinderinnereien zu geben, angeblich absolute Leckerbissen für einen Hund.

Es war wie immer – alles lastete auf meinen Schultern. Die sind ja zum Glück breit genug … Fífill verjagt in diesem Zustand jedenfalls nicht allzu viele Gespenster. Tja … darum werde ich mich dann wohl auch selbst kümmern müssen!

Marías Hündin Ronja und Fífill sind dicke Freunde. Mein alter Hund Frakkur ist jetzt elf Jahre alt … der ist froh, wenn Ronja kommt und ihn von diesem aufdringlichen Junghund befreit. Frakkur ist in Rente, er ist steif und fett und humpelt beim Laufen mit dem Vorderbein. Aber ansonsten ist er noch topfit.

Der Alte ist furchtbar genervt von Fífill … weist ihn regelmäßig in seine Schranken und knurrt ihn an, und Fífill lässt das alles über sich ergehen … er ist sehr unterwürfig. Ich fürchte mich vor dem Tag, an dem er dagegenhält. Noch respektiert er Frakkur voll und ganz, und so lange besteht zum Glück keine Gefahr, dass die beiden aneinandergeraten.

Wenn Adda mit Fífills Schwester Rökkva kommt, geht die Post ab. Dann wird wild getobt und geschnappt.

Mein Fífill ist verwöhnt und teuer im Unterhalt. Gerade erst habe ich ihm einen größeren Käfig gekauft … ein Einfamilienhaus, so groß wie mein halbes Schlafzimmer.

Angst im Nacken

Die Schwermut fühlt sich so an, als würde man in einer Tonne sitzen und könnte nicht über den Rand nach draußen sehen. Ich war noch ziemlich jung, als ich sie zum ersten Mal spürte. Aber ich wusste nicht, was es war.

In der ersten Zeit nach der Hofübernahme war die Schwermut am schlimmsten, aber nun habe ich sie seit Jahren nicht mehr gespürt. Ich war oft verzweifelt, doch das hielt nie lange an, vielleicht vier, fünf Tage, dann war ich wieder gut drauf. Den Energieschub musste ich dann nutzen und schuften, schuften, schuften ...

Papa war oft schwermütig und wusste zwischendurch gar nicht, wohin mit seiner Energie, rackerte wie besessen und spielte und raufte sich mit uns Mädchen. Die Stimmungsschwankungen ließen nach, als er älter wurde. Auch deswegen wollte er nicht, dass ich den Hof übernehme. Damit ich der Schwermut nicht zum Opfer falle. Niemand wusste, was das war. Man sprach immer nur von Launen.

Heutzutage kann man nicht mehr sagen, Ljótarstaðir wäre isoliert. Im Winter wird die Straße geräumt, und auf dem Hof gibt es einen Jeep und einen Traktor und einen Motorschlitten. Und das Internet macht einen großen Unterschied. Heute kann man selbst bestimmen, wie isoliert man sein möchte.

Solange die Schwermut anhält, ist alles schwarz. Wenn man gut drauf ist, weiß man, dass die depressive Phase vorübergeht, aber wenn man mittendrin steckt, sieht man das nicht. Und hat überhaupt kein Selbstvertrauen.

Als ich reifer und erwachsener wurde, begann ich zu begreifen, was das war, und wusste, dass es vorübergehen würde, ich kannte diesen Zustand ... ach, das schon wieder!

An den betreffenden Tagen aß ich meistens nichts. Nur um irgendetwas kontrollieren zu können. Dabei hatte ich durchaus Appetit. Für Bohnenstangen wie mich ist es nicht gut, nichts zu essen.

In einem Winter war es ganz schlimm ... da ging es von November bis zum Beginn der Lammzeit mehr oder weniger bergab. Ich war ungefähr fünfundzwanzig. Ein solcher Zustand lässt sich nicht verheimlichen. Fanney und meine anderen Schwestern wussten damals natürlich davon, ich konnte mit ihnen darüber reden, jedoch nicht dann, wenn ich mittendrin steckte. Dann konnte man über gar nichts sprechen, schleppte sich nur raus zum Arbeiten.

Wegen der großen Entfernungen suchte ich mir keine Hilfe. Einmal in der Woche nach Selfoss oder Reykjavík zu fahren ist für eine Bäuerin im Landesinneren im Bezirk Skaftafell keine Option.

Irgendwann überwand ich es. Es war eine bewusste Entscheidung, ich beschloss im Grunde einfach, ein fröhlicher Mensch zu sein. Eines der vielen Dinge, die ich von Fanney gelernt habe ... sie sagt immer, sie befinde sich auf der Sonnenseite des Lebens. Und das, was man sich selbst sagt, glaubt man auch.

Zudem wurde alles leichter, nachdem ich auf dem Hof Fuß gefasst hatte, als er mir gehörte und ich mich beweisen konnte. Ich hatte volle Entscheidungsbefugnis, und der Betrieb lief allmählich besser. Der Hof gehörte mir, der Grund und Boden gehörte mir. Ich war fest entschlossen, mit dreißig Jahren nicht mehr mit leeren Händen dazustehen. Das steigerte mein Selbstbewusstsein. Ich hatte darum gekämpft, mich zu beweisen, vielleicht vor allem vor mir selbst ... und das bedeutete Stress. Nun fand ich mich auch besser mit Dingen ab, die ich nicht konnte, und gestand mir zu, Fehler zu machen ... das entwickelt sich, wenn man älter und reifer wird.

Aber ich kann mich noch sehr gut an die ersten Male erinnern, als ich in dieses Loch fiel. Wie unglaublich wenig Selbstwertgefühl ich hatte – was allerdings schon immer so war. Ich war zum Beispiel davon überzeugt, das hässlichste Geschöpf der Welt zu sein.

Wenn die Depression einen voll erwischt, kann einem der Verstand nicht helfen. Sie überdeckt jegliche Vernunft. Meine Hochphasen waren jedoch immer länger als meine Tiefs. Ich hatte schon ziemlich lange keine Depressionen mehr gehabt, als mich das Desaster mit der Verhütungsspritze aus der Bahn warf, und bin sie gänzlich los, seit ich nach dieser Katastrophe wieder Land sah. Meine ursprüngliche Depression und die Depression, die von dem Medikament ausgelöst worden war, hängen demnach wohl nicht zusammen.

Seitdem mache ich mir immer wieder klar, wie viel Glück ich im Leben habe. Gesund zu sein, frei zu sein. Und ein glücklicher Mensch zu sein, dem es gut geht.

Aufgrund dieser Erfahrung kann ich andere besser verstehen, kann Menschen verstehen, die mit Depressionen kämpfen. Bei mir war es Kinderkram. Mit meiner altbekannten Sturheit habe ich es überwunden ... wie so vieles andere. Das Wichtigste dabei ist, sich klarzumachen, dass es vorübergeht. Dass es nach jedem Schneeschauer irgendwann wieder hell wird, wie mein Urgroßvater Bjarni von Vogur zu sagen pflegte.

Wenn es in der Lammzeit besonders schwierig ist und ich mich vor lauter Müdigkeit nicht aus dem Bett quälen kann, dann weiß ich, dass ein neuer Tag kommen wird. Wenn mir beim Fötenzählen kalt ist, weiß ich, dass es bald wieder warm sein wird.

Es ist ein Naturgesetz, dass sich alles ausgleicht. Dass das alles nur ein Gemütszustand ist.

Wenn mir früher die Angst im Nacken saß, versteifte ich mich vor lauter Panik vor der bevorstehenden Aufgabe, besonders bei gemeinschaftlichen Aktionen wie zum Beispiel beim Schafetreiben. Doch wenn es dann hart auf hart kommt, ist immer alles in Ordnung. Das Lampenfieber ist viel schlimmer als der eigentliche Auftritt.

Ich hatte vor vielen Dingen Lampenfieber, vor bestimmten Ereignissen, beispielsweise Meetings, bei denen man mit Auseinandersetzungen rechnen musste. Ich konnte mich nicht konzentrieren, zitterte und bekam nichts runter. Es brachte mich völlig aus dem Konzept, wenn ich vor Menschen stehen und cool bleiben musste. Aber durch Übung wird es immer leichter. Es bringt nichts, zu jammern, wenn es einem grundsätzlich gut geht. Man sollte die Demut besitzen, dankbar dafür zu sein, dass man in Island geboren ist, ohne das Entsetzen von Krieg und großer Armut. Dass man satt und glücklich ist.

25. Mai 2016

Gestern Abend habe ich einen Jährling verloren. Es war meine Schuld. Ich versuchte, dem Schaf beim Lammen zu helfen, anstatt sofort den Tierarzt zu rufen und einen Kaiserschnitt machen zu lassen. María war auch dabei.

Wir konnten in den Uterus fassen, doch da war der Fötus längst gestorben und lag falsch herum. Es war ein sehr großer Fötus, das Lamm war tot, verwest und trocken. Als ich versuchte, daran zu ziehen, riss ich die Gebärmutter auf. Wenn ich es gelassen und direkt den Tierarzt gerufen hätte, wäre das nicht passiert. Er hätte einen Kaiserschnitt gemacht.

Als ich ihn dann anrief, meinte er, da sei nichts mehr zu retten. María und ich saßen schweigend beim Abendessen. Dann machte ich kurzen Prozess und genehmigte mir vor dem Zubettgehen einen kleinen Baileys, um mein schlechtes Gewissen zu betäuben. Doch mein erster Gedanke am nächsten Morgen zeugte davon, dass mir das nicht gelungen war. Ein schlechtes Gewissen, das man selbst zu verantworten hat, ist unerträglich. Ach, ich hatte gedacht, so ein Mist würde mir jetzt nicht mehr passieren! Es müssen nur noch zwölf Schafe lammen.

Ein Lamm namens Wickel

Im Frühsommer nach der Lammzeit kann es vorkommen, dass Lämmer ihre Mütter verlieren und ziellos durch die Gegend streifen. Oder dass sie durch den Zaun schlüpfen. Dann sind sie mutterlos und bleiben klein und hässlich, falls sie überleben. Natürlich kann ihnen alles Mögliche zustoßen, woran sie sterben können.

Andererseits haben die Lämmer einen gewaltigen Überlebenswillen und gute Selbstheilungskräfte. Einmal hatte ich ein zwei Tage altes Lamm mit einem gebrochenen Oberschenkel. Die Mutter war ein Jährling und ziemlich gestresst, sie war entweder auf das Lamm getreten oder hatte es heftig gestoßen. Normalerweise kann ich Beinbrüche gut schienen, aber bei diesem Lamm konnte man keine Schiene anlegen, weil der Bruch zu weit oben war. Ich stabilisierte das Bein und umwickelte es mit einer elastischen Binde. Das Lamm war noch so klein, dass es fast komplett eingewickelt war, und bekam deshalb den Namen Wickel.

Natürlich hatte es große Schmerzen. Da erinnerte ich mich an das Schmerzmittel, das ich noch von der Sterilisation der Katze hatte, und verabreichte es dem Lamm. Anschließend schlief es so tief und fest, dass ich schon dachte, ich hätte ihm den Rest gegeben. Ich ging ab und zu hin und stieß das Lamm an, um sicherzugehen, dass es noch lebte, aber es war einfach nur so müde, dass es schlief wie ein Murmeltier, nachdem die Schmerzen nachgelassen hatten.

Lars, der Tierarzt, meinte, das Lamm müsse die elastische Bin-

de vier Wochen tragen. In dieser dehnbaren Verpackung wurde
es immer größer und dicker. Da ich es nicht zu den anderen
Flaschenlämmern lassen konnte, weil sie es zertrampelt hätten,
legte ich es in einen großen Zuber ... zusammen mit einem anderen kleinen Lamm als Spielkameraden.

Der Mutter des verletzten Lamms schob ich ein anderes Lamm
unter. Das Lamm mit dem gebrochenen Oberschenkel wurde
wieder ganz gesund und war im Herbst wunderschön und normal groß. Auf diese Heilung bin ich ziemlich stolz.

* * *

Diesmal habe ich ein Lamm, das nicht aufstehen kann.
Vermutlich hat es etwas am Rücken. Es ist nicht krank, denn es
trinkt. Wir melken die Mutter und füttern es. Aber wenn Lämmer einmal flachliegen, stehen sie meistens nicht mehr auf,
deshalb habe ich keine große Hoffnung, dass es sich erholt.

* * *

Früher musste man nicht so oft Geburtshilfe leisten.
Die Lämmer waren kleiner, die Mutterschafe hatten mehr Bewegung und waren dadurch besser in Form, sodass ihnen die
Geburt leichter fiel. Wenn etwas nicht stimmte, holte man sich
Hilfe, meistens aus der Nachbarschaft. Mir traute man das damals noch nicht zu. Ich machte es einfach, als ich den Schneid
dazu hatte. Mit den Jahren wird man besser, aber irgendetwas
vermasselt man immer.

María und Sandra gebe ich ununterbrochen Anweisungen. Ich
habe sie gebeten, mich zu bremsen, wenn sie die Schnauze voll
haben. Aber ich glaube, meine Vorgehensweise ist gar nicht so
schlecht, und ich habe nicht den Eindruck, dass sie mich be-

vormundend finden. Es ist ja auch in meinem Sinne, gute Anweisungen zu geben, denn wenn etwas schiefgeht, muss ich es ausbaden.

Vielleicht habe ich durch meine Erziehung gelernt, Fehlern möglichst vorzubeugen. In meiner Jugend wurden auf dem Hof keine Fehler gemacht. Das gab es einfach nicht, sonst bekam man eine Standpauke. Als Kind war ich ständig bemüht, der Schelte zu entkommen, doch als ich größer wurde, ließ ich sie über mich ergehen, um einen Streit zwischen meinen Eltern zu vermeiden. Ich hatte also keine Minute Ruhe.

Papa war sehr jähzornig und ungeduldig. Ich sage manchmal, man hat mich großgeschimpft. Na ja, und dieser ständige Knoten im Bauch steigerte natürlich die Leistung! Heute ist das alles ganz anders, Kinder werden unentwegt gelobt und verhätschelt. Produziert man damit nicht nur Weicheier?

Meine Freundin Adda war früher in der Lammzeit eine große Hilfe für mich. Sie beendete gerade die weiterführende Schule, kannte sich mit Lämmergeburten nicht aus und gab zu, etwas Schiss zu haben. Aber sie lernte alles blitzschnell und blieb dabei immer sanft und freundlich. Sie war zufrieden mit mir als Lehrmeisterin. Natürlich erklärte ich ihr alles, so gut ich konnte, und vermittelte ihr das Gefühl, dass ich ihr vertraute.

Adda hat mir gesagt, ich könne gut deligieren, was nicht unbedingt auf allen Höfen üblich ist. Bei uns war es so, dass Papa uns Schwestern immer erlaubte, Dinge auszuprobieren, und uns alle möglichen Aufgaben übertrug.

Eine so große Tierliebhaberin wie Adda findet man selten. Wenn wir uns treffen, reden wir stundenlang nur über Tiere ... vor allem über unsere Hunde, aber auch über meine Schafe, lebendige wie tote.

Meiner Erfahrung nach sind Tierfreunde auch Menschenfreunde ... das gehört einfach zusammen. Inzwischen ist Adda verheiratet und hat zwei Kinder. Es ist wundervoll, sie mit den Kindern zu erleben … und zu sehen, wie sie Rökkva trainiert, ihr beibringt, sich im Kreis zu drehen. Addas zweijähriger Sohn trainiert mit und dreht sich giggelnd im Kreis, genau wie der Hund, und findet sich lustig … was er natürlich auch ist.

* * *

Mir ist es wichtig, den Hof sauber und akkurat zu halten. Das gilt besonders für die Lammzeit. Wenn die Lämmer verletzt sind und bluten, dringt alles sofort in ihre Körper, und die Infektionsgefahr steigt. Deshalb muss die Ohrmarkenzange sauber sein, die Jodflasche, die Geburtszange. Und man muss immer saubere Hände haben, wenn man Geburtshilfe leistet. Sich ständig die Hände waschen. Meine Hände lösen sich schon auf. Die Fingerkuppen haben Dellen und bluten, was auch vom Geburtsschleim der neugeborenen Lämmer kommt, der ist ätzend. Ich bin es nicht gewohnt, bei dieser Arbeit Handschuhe zu tragen, es würde mich stören, wenn ich ständig neue Handschuhe überziehen müsste. Außerdem wäre es teuer. Da wasche ich mir lieber öfter die Hände.
Heißes Wasser und ein Waschbecken haben wir im Stall erst seit vier Jahren. Das war revolutionär. Ein Riesenunterschied, was die Bequemlichkeit und Hygiene betrifft. Jetzt muss ich nicht mehr alles, was ausgespült werden muss, wie die Fläschchen, in die Waschküche schleppen. Die Heißwasserleitung habe ich selbst gelegt. Das war kein Problem. Es gibt einen kleinen Boiler, den ich ausschalte und abkoppele, wenn die Lammzeit überstanden ist.
Zu unseren Aufgaben gehört es auch, die Ställe sauber zu halten und darauf zu achten, dass kein Heu herumfliegt. Das heißt fegen, fegen, fegen. María ist sehr ordentlich und fegt so, wie

man es machen sollte. Sauberkeit in den Ställen schafft eine gute Arbeitsumgebung und ist auch wichtig für die Psyche. Sorgfalt hilft einem, nicht den Verstand zu verlieren.

* * *

Das Wichtigste ist, dass einem die Lammzeit Spaß macht. Es bringt nichts, das Ganze nur als Stress und Schufterei anzusehen. Wenn man nicht gerade todmüde ist, macht es auf jeden Fall Freude. Wir sind jetzt zu dritt, man gerät also nicht in eine Art Delirium, wie wenn man allein arbeitet und womöglich alles in den Sand setzt.

Die Lämmer sind unheimlich süß, besonders wenn sie klein sind. Frisch auf die Welt gekommen, wollen sie schon spielen und fröhlich draufloshüpfen, obwohl sie es noch nicht richtig können und immer umfallen. Im Alter von etwa zehn Tagen sind sie quietschfidel und rennen zu mehreren kreuz und quer durch den Auslauf. Wenn die Schafe im oberen Stall drinnen sind und fressen, nutzen die Lämmer den Platz im Auslauf, rasen hin und her und wetteifern darum, wer am höchsten aufs Dach hinaufspringen kann.

Der Schafstall ganz oben auf der Wiese bei der Schlucht ist ein wundervoller Ort. Mit den Überresten des alten Hofs unmittelbar daneben und dem Blick auf den Gletscher Mýrdalsjökull. Die Ställe sind groß, und die Tiere fühlen sich wohl. Ich genieße es, nach dem Füttern den aufgekratzten Lämmern beim Herumtollen zuzusehen.

In diesem Frühjahr war es so trocken, dass es den Tieren prächtig geht. Das pure Glück. Aber alles hat Vor- und Nachteile. Die Vegetation ist spät dran, deshalb müssen die Schafe länger im Stall bleiben. Niemals ist etwas gänzlich gut oder gänzlich schlecht.

Manchmal ist das so im Frühling, dass der Wind aus Nord-
nordwest weht und kein Tropfen fällt. Dabei regnet es hier normalerweise viel. Dieses Jahr wächst das Gras kaum, denn wegen der vereisten Flächen im Winter ist der Boden noch immer
stark gefroren. Unter solchen Trockenperioden leidet der Boden, auf den bewachsenen Flächen setzt Erosion ein, deshalb
kann so ein Frühling auf gewisse Weise schlecht für das Land
sein.

Obwohl die Lammzeit Spaß macht, ist es eine riesige Erleichte-
rung, wenn sie vorbei ist. Dieser Frühling war sehr gut, trocken
und nicht kalt. Letztes Jahr war es schrecklich, die Schafe so
lange im Stall halten und füttern zu müssen, das kostete viel
Arbeitszeit und viel Heu.

Ein weiterer Meilenstein ist erreicht, wenn ich nach der Lammzeit mit dem Aufräumen beginne, die Ausläufe abbaue und so
weiter. Es bringt nichts, sie das ganze Jahr über stehen zu lassen, sie würden nur kaputtgehen.

* * *

Nun kann ich es nicht mehr länger hinauszögern und
muss das Lamm mit dem verletzten Rücken, das nicht aufstehen kann, von seinen Qualen erlösen. Da lässt sich nichts machen. Ich muss mich dazu durchringen, ein Tier zu töten … das
nimmt mich mit, und es geht mir nicht gut, wenn ich so etwas
tun muss. Außerdem wird mir schnell übel, was nicht gerade
hilfreich ist. Als ich das erste Mal ein Tier töten musste, habe
ich mir die Seele aus dem Leib gekotzt.

Natürlich gehe ich mit Bedacht vor. Ich achte darauf, das Gewehr richtig anzusetzen und gut zu zielen. Früher hat Papa das
immer gemacht. Ich musste ihn zwingen, mir beizubringen,
wie man mit einer Waffe umgeht, als ich zwanzig war. Aber ich

interessiere mich nicht für Waffen, habe kein Jagdfieber, das geht mir völlig ab. Ich könnte mir nicht vorstellen, ein Tier mit bloßen Händen zu töten, einen Vogel oder einen Fisch.

Es ist schlimm, ein Tier leiden zu sehen. Wenn es sich quält, muss man es erlösen. Und ein Bauer macht das natürlich selbst. Papa war ein vorsichtiger, angespannter Mensch, der sich viele Gedanken machte, und das verstärkte sich noch, als meine Schwester an den Folgen ihres Unfalls starb. Er passte sehr gut auf das Gewehr und die Munition auf und wollte keine Kinder in der Nähe haben, wenn er ein Tier töten musste. Ich finde es gut, Kinder von so etwas fernzuhalten. Papa war ja noch mit schlechterer Technik aufgewachsen – mit Waffen, die nicht immer auslösten. Er musste diese Dinge schon früh selbst machen. Mit sechzehn sollte er seinem Vater helfen, ein Pferd zu töten. Großvater hatte so zittrige Hände, dass er das Gewehr nicht stillhalten konnte, da nahm Papa es ihm ab und erledigte den Rest.

Jetzt muss ich das verletzte Lamm nicht nur töten, sondern es auch häuten, was mir zuwider ist. Das Fell nähe ich dann an eines der übrig gebliebenen Lämmer, die noch eine Amme brauchen, zum Beispiel an einen Drilling, und gewöhne es anschließend an die Mutter des getöteten Lamms. Bevor ich der Mutter das neue Lamm mit dem angenähten Fell bringe, wasche ich ihm den Kopf mit Seife, um ihren Geruchssinn durcheinanderzubringen. Ich muss dem Lamm helfen, am Euter zu saugen, weil es an das Fläschchen gewöhnt ist.

Innerhalb eines Tages muss ich dem Lamm das Fell wieder abnehmen, sonst fängt es an zu stinken, außerdem kotet es natürlich hinein.

Bevor ich das erschossene Lamm häute, warte ich lange, um sicher zu sein, dass es auch wirklich tot ist. Das ist natürlich Anstellerei, weil ich genau weiß, dass es tot ist … aber ich habe einen Horror davor, noch einmal zu erleben, was mir vor einiger Zeit mal passiert ist. Damals weckte María mich mitten in der Nacht, weil sie das Blöken eines kranken Lamms nicht länger ertragen konnte. Ich hatte zwei Stunden geschlafen und war steif vor Müdigkeit. Ich erschoss das Lamm und war gerade dabei, es zu häuten, als es plötzlich zuckte. Das Lamm war mausetot, trotzdem zappelte es noch. Obwohl ich wusste, dass das Muskelzuckungen waren, erschrak ich fürchterlich. Da bleibt einem das Herz stehen. María sagte, ich sei kreidebleich gewesen.

Das Schlimmste für mich ist, ein krankes Lamm töten zu müssen, das nicht gesund wird, obwohl ich es aufopferungsvoll gepflegt habe. Es ist dann wie ein Flaschenlamm ... nur ist sonnenklar, dass es sich nicht erholen wird. Ein solches Lamm, mit dem man viel Zeit verbracht hat und das einem vertraut, schließt man ganz besonders ins Herz. Dann muss ich mich sehr überwinden, es zu töten.

* * *

Fast der gesamte April geht für die Organisation der Lammzeit drauf, ohne genaue Planung funktioniert das einfach nicht. Man muss Medikamente einkaufen, sämtliche Gerätschaften bereitlegen, ausmisten, Gatter und Pfosten und allen möglichen Kram und Zubehör herbeischleppen, die Ausläufe aufbauen, die Ställe vorbereiten ... In der Lammzeit braucht man unendlich viel Platz, weil sich die Herde um achthundert Tiere vergrößert.

Man muss auch viel Schreibkram erledigen. Das langweilt mich, und ich schiebe es immer bis zum letzten Moment vor mir her. Die Helferinnen und ich haben stets Block und Stift griffbereit und schreiben alles auf. Mama überträgt die Notizen ins Schafbuch, und ich übertrage sie dann in die Computer-software Fjárvís und stelle sie online.

Ich bin keine große Zuchtexpertin ... gute Züchter haben das Züchten im Blut. Ella kennt alle ihre Schafe, während ich nur einen Teil meiner Herde kenne ... und wir haben meistens un-gefähr gleich viele Tiere. Ich habe keine Lust, mich aufzuraffen und ausführlich in die Materie einzuarbeiten. Es langweilt mich zu Tode, über den Zuchtbüchern zu sitzen und Überlegungen dazu anzustellen.

In meinem Kopf befinden sich mehr Songtexte und Gedichte als Schafstammbäume.

* * *

Jetzt müssen nur noch zwei Mutterschafe lammen. Das eine ist ein Jährling. Das Tier macht mich wahnsinnig. Im Ultraschall war kein Lamm zu sehen, aber es ist trotzdem tra-gend. Und überfällig. Eine Woche oder zehn Tage, nachdem ich die Böcke von den Jährlingen getrennt habe, muss es ir-gendwie in Kontakt mit einem Bock gekommen sein. Jährlinge sollen eigentlich nicht so spät lammen. Erst hatte ich Gestur, der die Schafe versorgt hat, während ich auf Fötenzähltour war, in Verdacht, mir einen Streich gespielt zu haben, aber das passt zeitlich nicht.

Geldsorgen

Die Geldsorgen sind eine permanente Belastung. Wenn die Lage ganz schlimm ist, werde ich nervös, liege nachts sogar zitternd im Bett, mit Kopfschmerzen und Fieber. Das passiert jedoch nicht allzu oft. Aber es ist immer knapp, und man macht sich ständig Sorgen, dass etwas Unvorhergesehenes passieren könnte. Dass beim Traktor der Motor kaputtgeht. Dass der Lux seinen Geist aufgibt. Dass irgendein Dach wegfliegt. Das macht einen wachsam. Ich gehe pfleglich mit den Gerätschaften um, damit sie lange halten.

Wobei man sagen muss, dass ich keine Rücklagen anlege. Lieber fahre ich los und schaue mir die Welt an. Das sind zwar keine teuren Reisen, aber trotzdem. Und dann leiste ich mir auch noch solche Mätzchen wie Fífill, meinen teuren Gespensterschreck. Aber der ist jede Krone wert.

Einmal habe ich versucht, den Betrieb zu vergrößern. Man braucht mehr als fünfhundert Schafe, damit der Hof sich wirklich rechnet, aber meine Weideflächen sind mit fünfhundert Tieren komplett ausgelastet. Und für eine Einzelbäuerin reicht es eigentlich, fünfhundert Schafe zu versorgen, deren Zahl sich im Frühling vervielfacht.

Damals haben sich die Eheleute von Snæbýli getrennt, und ich habe ihnen ein Angebot für das Grundstück gemacht. Der Bauernverband erstellte mir einen Betriebsplan nach allen Regeln der Kunst, und die Bank war bereit, die Finanzierung zu übernehmen. Damit hätte ich zwölfhundert Schafe an zwei Orten und eine Rindermast gehabt. Das Wohnhaus in Snæbýli wollte ich an Touristen vermieten und natürlich Mitarbeiter einstellen.

Die Ehefrau blieb dann aber doch auf dem Hof, und das Land wurde nicht verkauft. Später verkauften sie es innerhalb der Familie ... woran natürlich nichts auszusetzen ist. Es ist gut, nette Nachbarn zu haben, und nicht mein Herzenswunsch, der einzige Hof im Tal zu sein. Trotzdem war das eine Bombengelegenheit, und ich hätte mich geärgert, wenn ich es nicht versucht hätte.

Mein Umgang mit Geld ist insofern fahrlässig, als dass es mir reicht, wenn ich mich gerade so über Wasser halten kann. Wenn ich dringend etwas brauche, recherchiere ich nicht tagelang im Internet, um das günstigste Angebot zu finden, sondern kaufe es sofort, weil ich zu ungeduldig zum Warten bin. Gut möglich, dass ich beim Einkauf sparen könnte, wenn ich mir mehr Zeit lassen würde.

Ólafía

Ólafía Jakobsdóttir von Hörgsland in Síða ist hier bei uns in der Gegend eine Vorreiterin in Sachen Naturschutz. Sie war lange Gemeindevorsteherin und führte ihren einsamen Kampf für die Umwelt mit großem Enthusiasmus. Hilmar Gunnarsson aus Kirkjubæjarklaustur ist wohl derjenige, der sie am längsten unterstützt hat.

Ólafía begann, sich für die Umwelt einzusetzen, bevor andere sich trauten, als Ökos aufzutreten, oder zuzugeben, dass ihnen Naturschutz wichtig ist.

Der Naturschutz eröffnet neue Blickwinkel und läutet neue Zeiten ein. Wenn sich die Zeiten ändern, sind die Menschen zunächst überfordert. Es ist beileibe nicht so, dass alle Kraftwerkbefürworter automatisch Umweltsünder wären ... das können genauso gut Menschen sein, die ihr Land wertschätzen und achten, aber mit Worten wie Naturschutz und Umweltschützer nichts anfangen können ... die das als Anmaßung empfinden. Das ließ sich gut an der Diskussion über den Nationalpark mitverfolgen. Da war diese Angst, dass alles abgeriegelt und verboten würde. Dass man seine Schafe nicht mehr ins Hochland treiben und grasen lassen und dass man keine Angellizenzen mehr verkaufen dürfte. Das verursachte unnötigen Stress.

Hier in der Gemeinde Skaftá leben auf vielen Höfen junge, einflussreiche Bauern, und die Bevölkerungszahl steigt. Es handelt sich um eine klassische Landwirtschafts- und Tourismusgegend, diese beiden Wirtschaftszweige stützen einander und müssen zweifelsohne gestärkt werden. In der Landwirtschaft gibt es viele Neuerungen, und der Tourismus nimmt auch immer mehr zu. Wir sollten Freizeitaktivitäten in Verbindung mit der Landwirtschaft fördern und selbstverständlich landwirtschaftliche Produkte vermarkten, nicht zuletzt Lammfleisch.

Warum sollen wir warten, bis jemand kommt, um uns zu retten, der den Spieß dann umdreht und unser Land für ein Kraftwerk zerstört? Ich bin grundsätzlich dagegen, dass Außenstehende mit großspurigen Plänen daherkommen, um in der Gemeinde angeblich alles zum Besseren zu wenden. Der Arbeitsmarkt muss von innen heraus angekurbelt werden. Wir müssen unser Leben und unsere Arbeit aufbauen, ohne das Vorhandene zu zerstören, wie es die Großindustrie macht ... sie zerstört unser Land und unsere landwirtschaftlichen Flächen.

Wir haben hier schon alles, um neue Möglichkeiten zu schaffen. Und damit meine ich nicht, dass alle Gästebetten beziehen und Schafen hinterherlaufen sollen ... in der heutigen Zeit stehen einem mit einer guten Internetverbindung sämtliche Wege offen. Wir brauchen Glasfaserkabel, keine riesigen Talsperren und Stauseen.

Ólafía Jakobsdóttir war für uns Naturschützer hier in der Gegend ein großes Vorbild, wobei es bemerkenswert ist, dass die meisten Mitglieder der Z-Liste Frauen sind. Wir Nachfolgenden haben Ólafía unglaublich viel zu verdanken und können die Erfahrungen, die sie gesammelt hat, für uns nutzen.

Heiða als Rednerin

Woran liegt es eigentlich, dass keine neuen Methoden zur Stromgewinnung entwickelt werden? Warum braucht man ständig neue Wasserspeicher? Kristbjörg von Þykkvabæjar-klaustur stellte letztens einen genialen Vergleich an. Sie wies darauf hin, dass der erste Computer einen ganzen Raum einnahm, während heutige Computer winzig klein sind. Stauseen hingegen entwickeln sich in die entgegengesetzte Richtung: Sie werden immer größer. Für das Búland-Kraftwerk sollen zehn Quadratkilometer geflutet werden, plus weitere sechs Quadrat-kilometer für Kanäle, Wirtschaftswege, Staumauern und andere Erdbewegungen, die für die Durchführung des Projekts not-wendig sind. Dazu kommen noch die Stromleitungen. Ich finde es wirklich erstaunlich, dass man nicht energischer an neuen Methoden zur Stromgewinnung arbeitet und stattdessen einen Haufen Leute losschickt, um mehr und mehr Täler ausfindig zu machen und in Dreckspfützen und Sandwüsten zu verwandeln. Und ich sage das, weil jeder eine Meinung und Gefühle haben und diese laut äußern darf! Ich weiß, dass ein solcher Gefühls-ausbruch für jemanden aus unserer Gegend ungewöhnlich ist, aber zu meiner Verteidigung sei gesagt, dass ich zum Teil auch von einem empfindsamen Dichter aus Dalir in Westisland abstamme und mich meinem Land emotional stark verbunden fühle. Zudem halte ich es für das gute Recht eines jeden, sich seinem Land emotional verbunden zu fühlen. Die Ausbeutung und der allgemeine Umgang mit unserem Land gehen nicht nur die vielbeschworenen »Ortsansässigen« etwas an. Als über die

Ölraffinerie im Ketildalur am Arnarfjörður und den Containerhafen im Finnafjörður diskutiert wurde, habe ich mich auch eingemischt und kein Blatt vor den Mund genommen.

Dieses Land besitzt dich

Das Gedicht *Geleit* des Poeten und Bauern Guðmundur Böðvarsson steht in der großen Textsammlung in meinem Kopf ganz weit oben. Als ich klein war, sang ich das Lied inbrünstig mit und wünschte mir nichts sehnlicher, als das Kind in dem Gedicht zu sein und Eltern zu haben, die mir das, was ihnen am liebsten ist, wirklich zeigen und anvertrauen … und irgendwie verstand ich das Gedicht, spürte darin eine magische Hingabe und Ehrfurcht und Tapferkeit.

Bei dem Kampf der letzten Jahre kam mir das Gedicht oft in den Sinn … und ich muss immer grinsen, wenn es als »letztes Lied vor den Nachrichten« im Radio gesungen wird. Besonders die folgenden Strophen:

> Hier lebten Oma und Opa
> wie auch Mama und Papa.
> Ein Leben so kurz
> ein jeder besaß
> – mitunter ein schmaler Pfad.
> Doch sollst du dran denken
> dein Leben lang
> dass dies Land dich besitzt.
>
> Kommen böse Gestalten
> aus finstren Ecken
> mit betrügerischen Offerten
> wie's so oft geschieht

hier auf dieser Welt
dann sollst du nicht wählen:
niemals darfst du es geben
aus deiner Hand.

Das Búland-Kraftwerk –
ein Fazit?

Alles veränderte sich, als Ende März 2016 herauskam, dass das Baugebiet für das Búland-Kraftwerk in die Schutzkategorie aufgenommen würde. Ich traue dem nicht hundertprozentig, doch meine Hoffnung steigt, dass ich und mein Land in Ruhe gelassen werden.

Endlich konnte ich aufhören, den ganzen Tag an nichts anderes zu denken. Im Dezember und Januar, als die Suðurorka-Leute am meisten Druck machten, war ich sehr angespannt. Damals wusste ich auch nicht, wie die allgemeine Stimmung in der Gemeinde war … wusste nicht, auf welcher Seite meine Nachbarn standen. Jetzt ist die Spannung von mir abgefallen, dennoch bin ich mir des Risikos bewusst. Der Fluss Hólmsá ist noch immer in Gefahr. Das dort geplante Kraftwerk befindet sich in der Wartekategorie.

Trotzdem ist bei mir alles anders geworden, selbst wenn die Gefahr noch nicht vorüber ist … sie ist wesentlich geringer. Ich finde auch, dass allgemein wesentlich weniger Spannung in der Luft liegt. Mein Gefühl sagt mir, dass die meisten Leute letztendlich erleichtert sind.

Für die Suðurorka-Leute bleibt nur die Hoffnung, die Entscheidung im Parlament rückgängig zu machen, aber es ist unwahrscheinlich, dass ihnen das gelingt. Eines der vielen Dinge, die ich nicht verstehe, ist, warum keiner von ihnen während des großen Gletscherlaufs in der Skaftá hier war … eine Katastrophe, die sämtliche Pläne automatisch vom Tisch gewischt hätte. Das ganze Vorhaben war einfach nur dumm und gemeingefährlich – wie man an den Gutachten von Fachleuten über den Kraftwerkbau sehen kann.

Früher war ich immer gestresst, wenn Bewegung in die Sache kam ... als diese Briefe von Suðurorka eintrafen ... wenn eine Versammlung bevorstand oder irgend so ein Mist. Aber ich konnte immer schlafen, jedenfalls meistens. Doch das hatte alles einen ungeheuren Einfluss auf einen, nicht nur das Kraftwerk als solches, sondern man wurde auch regelrecht in die Gemeindepolitik getrieben.

Für uns Bauern sind solche Kraftwerkvorhaben eine immense Belastung. Man ist dafür oder dagegen ... wird auf irgendeine Weise in diesen Prozess hineingezogen, wird hierhin und dorthin zitiert, um Akten und Berichte zu lesen ... das ist eine wahnsinnige Zusatzbelastung für Menschen, die ohnehin schon mehr als genug zu tun haben. Das gilt natürlich in erster Linie für die Leute aus meiner Nachbarschaft, die Mitglieder im Angelverein sind und dadurch mit der Sache konfrontiert wurden.

Der Naturschutz hat heute einen ganz anderen Stand als noch vor zehn Jahren. Heute bekommt man wesentlich mehr Rückhalt und Unterstützung. Freunde und Verwandte haben mich unterstützt und Leute, die ich überhaupt nicht kenne. Auf Facebook sind mir Leute gefolgt. Bauern, die ich beim Fötenzählen im ganzen Land treffe, sagen mir: »Mach weiter, diese Anmaßung ist unerhört!« Dass auf dem Land alle für Kraftwerke sind, ist Quatsch.

Klar sind hier viele gegen das Búland- und das Hólmsá-Kraftwerk, auch wenn sie nicht protestieren. Wir, die in der ersten Reihe stehen, kämpfen sozusagen auch im Namen dieser Leute. Meine Nichte Arndís hat mir zu Weihnachten, als die Auseinandersetzung am heftigsten war, ein Poster geschenkt mit dem Slogan:

Stand up for what is right
even if you stand alone

Ich habe durchgehalten, weil ich so viel Unterstützung und Ermutigung erfahren habe. Es kam einfach nicht infrage, aufzugeben. Ich wurde vorwärts getrieben. Aber zu Versammlungen musste ich natürlich allein, schlotternd vor Angst. An den Tagen davor hatte ich Panik. Und an dem besagten Tag war es so schlimm, dass ich bibberte und fror. Dann blieb mir nichts anderes übrig, als anständige Klamotten anzuziehen und cool zu erscheinen. Ein anderes Problem war meine Stimme. Wenn ich eine Rede halten musste, verspannte sich mein Kiefer, meine Stimme zitterte, und ich sprach nicht deutlich genug. Eine stotternde Rednerin nimmt niemand ernst, also musste ich das in den Griff kriegen und lernen, meine Stimme bei öffentlichen Auftritten zu kontrollieren.

Nach Versammlungen und Konferenzen oder schwierigen Telefonaten ist dann bei mir plötzlich die Luft raus. Aber ich habe ja auch positives Feedback und Applaus bekommen, das hilft natürlich. Und die Überzeugung, dass mein Einsatz wichtig ist. Ein gutes Beispiel dafür war etwa das Meeting zwischen Suðurorka, dem Energieversorger Landsvirkjun und dem parlamentarischen Ausschuss für Arbeit. Einer meiner Nachbarn war dazu eingeladen, er ist gegen das Búland-Kraftwerk, besitzt aber kein Land in dessen Einzugsbereich. Da er nicht unmittelbar betroffen ist, war die Einladung unverständlich. Er informierte mich darüber, und ich ging zu dem Meeting, obwohl ich nicht eingeladen war. Ich war gut vorbereitet, hatte mir Notizen gemacht.

Einer der Punkte, über den die Suðurorka-Leute sprachen, war, dass ich im Besitz von fünf bis zehn Prozent des geplanten Baulands sei. Da fragte ich sie, ob sie noch nie an einem Hang gestanden hätten. Wenn man das Land wie einen Teig ausrollen würde, alle kleinen Senken, Abhänge und so weiter, dann ergäbe das ein ganz anderes Bild. Dazu fiel den Suðurorka-Leuten, wie schon so oft, nicht viel ein. Sie hatten keine Ahnung. Natürlich ist es prima, wenn der Feind sich selbst abschießt, dann muss man kein Pulver an ihn verschwenden.

Nach diesem Meeting erfuhr ich, dass einer der Kraftwerkbefürworter vom Ausschuss für Arbeit aufgrund meiner Aussagen seine Meinung geändert hatte. Ihm wurden die finanziellen Interessen hinter der Sache klar, und er erkannte wohl auch, wie groß die Zerstörung durch das Búland-Kraftwerk sein würde – sei es auch nur durch die Zähmung der Bestie Skaftá, deren häufige Gletscherläufe riesige Fluten auslösen können.

Doch dieses Meeting nahm mich sehr mit. Ich fühlte mich so mies, als ich nach Hause kam, dass ich auf der Terrasse eine halbe Flasche Weißwein trank, um mich zu beruhigen. Ich konnte nicht sofort schlafen gehen, musste erst wieder runterkommen ... anstatt mit Sodbrennen wach im Bett zu liegen.

Insgesamt hat dieser Kampf über all die Jahre derart an mir gezehrt, dass man es mir ansieht. Nach einer schwierigen öffentlichen Versammlung rief mich mal ein Freund aus der Nachbargemeinde an und sagte, ich hätte die volle Unterstützung von ihm und seiner Frau. Sie hätten gesehen, wie mich das alles belasten würde, und fänden, es sei nicht mehr viel von mir übrig! Einen solchen Anruf zu bekommen und die Unterstützung von Freuden auf diese Weise zu spüren ist unglaublich wichtig.

Er meinte, man habe die Gemeinschaft gespalten ... man habe

den Leuten ihren Seelenfrieden genommen, und das würde nie wieder heilen. Dieser Gedanke war mir auch schon gekommen, aber ich war trotzdem geschockt, als er es sagte.

Selbstverständlich zerrüttet die Vorgehensweise der Energiebranche ländliche Gemeinden, wie etwa das Beispiel aus dem Bezirk Árnes mit den Kraftwerkvorhaben von Landsvirkjun an der Neðri-Þjórsá und in Þjórsárver beweist. Der Kampf um Þjórsárver dauert schon seit 1950 an. Damals verteidigten vor allem die Bauern aus der Gemeinde Gnúpverjahreppur das Gebiet, das kaum einer so gut kannte wie sie, eines der kostbarsten Gebiete in ganz Island.

Ich halte es für einen Skandal, dass man sich Þjórsárver immer noch einverleiben will. Ich halte es für einen Skandal, dass in Bakki bei Húsavík ein Siliziumwerk gebaut wird. In den Zeitungen standen Überschriften wie: »Einwohner von Húsavík warten ungeduldig auf Aluminiumfabrik in Bakki« ... oder etwas in der Art. Aber was ist mit den Einwohnern von Húsavík, die das nicht wollen? Die gibt es selbstverständlich auch! Mir war nicht klar, um was für umfangreiche Maßnahmen es sich handelt, bis ich das Gelände für die Fabrik sah ... es ist riesig ... bestimmt zwanzig Hektar. Ein Riesenindustriegebiet mitten in einem Naturparadies. In unmittelbarer Nähe befindet sich einer der besten und schönsten Lachsflüsse des Landes, die Laxá im Aðaldalur. Die Landschaftsverschandelung durch dieses Siliziumwerk ist gigantisch, und es zerstört die Umwelt natürlich noch auf viele weitere Arten.

Der Hof zwischen den Feuern

Ljótarstaðir wurde im Lauf der Geschichte oft wegen Vulkanausbrüchen verlassen, immerhin befinden wir uns in nur etwa fünfundzwanzig Kilometern Luftlinie von der Katla. Es besteht jedoch keine Gefahr, dass der Hof nach einem Ausbruch dieses Vulkans, der unter dem Gletscher Mýrdalsjökull liegt, überflutet wird, so wie die Höfe in Álftaver und Meðalland. Aber alle Gebäude hier müssen gute Blitzableiter haben. Im neunzehnten Jahrhundert wurde eine Magd im Skaftárdalur bei einem Katla-Ausbruch von einem Blitzschlag getötet.

Nach dem Ausbruch des Eyjafjallajökull war ich nervös, weil die Katla schon mehrmals unmittelbar nach dem Eyjafjallajökull ausgebrochen ist. Als es im Herbst 2010 im Mýrdalsjökull rege Erdbebentätigkeit gab, schaute ich andauernd auf die Richterskala, bis ich die Schafe endlich im Stall hatte. Bei einem Ausbruch mit starkem Ascheregen kann es nämlich passieren, dass man die Tiere nicht mehr findet.

Als sich der Vulkan Bárðarbunga 2014 regte, standen wir früher als sonst in den Startlöchern, um die Schafe von den Hochlandweiden zu holen. Dem Weideflächenausschuss und allen Beteiligten war klar, dass die Schafe womöglich vor dem geplanten Zeitpunkt zusammengetrieben werden müssten. Wenn ein Vulkan unter einem Gletscher ausbricht, entsteht Asche, und Bárðarbunga ist nicht sehr weit von den Hochlandweiden von Skaftártunga entfernt.

Im Norden wurden damals die Schafe wegen der Flutgefahr zusammengetrieben, aber dann gab es doch keinen Gletscherlauf, weil der Ausbruch nicht unter dem Vatnajökull stattfand, sondern im Lavafeld Holuhraun.

Die Magmakammer der Bárðarbunga lädt sich auf. Die Frage ist nicht, ob der Vulkan ausbricht, sondern wann er ausbricht. Dasselbe gilt für die Katla. Die Vulkane unter dem Vatnajökull sind im Lauf der Jahrhunderte oft ausgebrochen, und Katla-Ausbrüche gab es durchschnittlich auch alle fünfzig Jahre. So ist das nun mal in dieser Ecke des Landes und in Island generell.

Normalerweise mache ich mir nicht viele Gedanken darüber und gerate nicht in Panik, aber ich habe schon zahlreiche Geschichten gehört. Mein Großvater war Knecht auf Höfðabrekka in der Gemeinde Mýrdalur und musste mitansehen, wie das Wasser beim Ausbruch der Katla über die Sanderflächen des Mýrdalssandur flutete ... von den Bergen der Höfðabrekkuheiði ... ein grauenerregendes Spektakel aus Wassermassen und Eisbergen. Das war 1918, die Katla ist also längst überfällig. Für mich und andere war es gut, 2011 den Ausbruch der Grímsvötn mitzuerleben, der letztlich nur ein kleiner Vorgeschmack war ...

Es kursierten Geschichten, bei Ascheregen könne man die eigene Hand nicht mehr vor Augen sehen. Viele, mich eingenommen, sagten: »Dann schalte ich halt das Licht ein, schließlich haben die Fahrzeuge heutzutage Scheinwerfer.« Aber es ist tatsächlich so, dass man die eigenen Hände nicht mehr sieht ... und auch das Licht der Scheinwerfer richtet kaum etwas aus. Wir dachten, wir könnten einfach mit eingeschaltetem Licht Traktor fahren, wie sonst auch im Dunkeln. Aber Asche ist etwas ganz anderes. Wenn man bei normaler Dunkelheit die Scheinwerfer am Traktor einschaltet, kann man ziemlich weit sehen, aber bei Asche gibt es nur einen schwachen Lichtschein. Die Scheinwerfer haben überhaupt keine Reichweite mehr. Das glaubt man erst, wenn man es selbst erlebt hat … wenn man die eigene Hand ausstreckt und sie nicht mehr sieht.

Dieser Zustand ist surreal. Man sieht kein Licht, hört kein Geräusch. Man wird ganz kleinlaut … und beginnt zu glauben, was einem erzählt wurde. Es ist eine wichtige Erfahrung, am eigenen Leib zu erleben, dass moderne Technik nicht alles beherrscht.

Der Ausbruch der Grímsvötn kam so überraschend, dass keine Zeit blieb, sich davor zu fürchten. Plötzlich war eine Situation da, auf die ich sofort reagieren musste. Das ist wesentlich besser, als tagelang schlotternde Knie zu haben, weil man nicht weiß, was passieren wird. Es war am Ende der Lammzeit, am 21. Mai, und die meisten Schafe waren noch im Stall. Die restlichen trieb ich zusammen in die Ausläufe. Für die Schafe war es eine Tortur, weil es so eng war.

Mama und ich hatten Glück, dass Arndís mit ihrem Sohn hier war. Der Boden war mit Asche bedeckt, kein Gras mehr zum Fressen, und niemand wusste, wie lange der Ausbruch andauern würde … aber es blieb keine Zeit für Hysterie. Alles drehte sich darum, die Tiere in Sicherheit zu bringen. Zu kontrollieren, ob die Schafe in den Ausläufen genug Heu und sauberes Wasser hatten.

Am Tag nach dem Vulkanausbruch hatten wir heftigen Sturm, sodass die Asche wegwehte, der Boden wieder frei wurde und die Schafe grasen konnten. Deshalb ließ ich sie wieder raus. Fliegende Asche spielt Schafen übel mit, sie verklebt ihre Augen, und man muss sie ausspülen, damit die Tiere nicht erblinden. Weiter im Osten war es viel schlimmer, da sind einige Mutterschafe und Lämmer erblindet.

Ascheregen ist etwas sehr Unwirkliches. Von der Haustür konnte ich das Licht am Giebel des Schafstalls nicht mehr sehen, obwohl er nicht weit ist. Alles kauerte sich zusammen und schlief. Die Gänse auf der Hauswiese dachten, es sei Nacht. Die

Vögel schliefen. Ich fuhr mit dem Quad über einen Rotschen-kel. Er schaffte es gerade noch, landete zwischen den Reifen und schoss hinter dem Quad hervor, nebelbange und aschewirr. Es ist mir noch nie passiert, dass ich mit dem Quad einen Vogel überfahren habe.

Damals spien die Grímsvötn an einem Tag dieselbe Asche-menge aus wie der Eyjafjallajökull im Jahr 2010. Die Asche dringt in jeden Spalt, jedes Loch. Das ist ganz feiner Staub. Auf den Dachbalken liegt immer noch Asche.

Atemschutzmasken und Schutzbrillen hatten wir noch vom Ausbruch des Eyjafjallajökull. Jeden Tag kamen Leute vom Rettungsdienst, um nachzusehen, ob alles in Ordnung ist und keiner durchdreht, und boten ihre Hilfe an. Als der Ausbruch vorüber war, kam die Feuerwehr mit einem Löschfahrzeug aus der Stadt und spritzte die Gebäude mit Wasser ab.

Nachdem das überstanden war, musste ich bei allen Fahrzeu-gen die Luftfilter auswechseln und sie gründlich sauber ma-chen. Ich fing mit dem Lux an, putzte ihn komplett und staub-saugte den Innenraum. Doch als ich die Heizung aufdrehte, flog Asche durch das ganze Auto, und ich konnte noch mal von vorn anfangen. Beim nächsten Fahrzeug schaltete ich als Erstes die Heizlüftung ein. Aus den Luftdüsen kam noch den ganzen Sommer über Asche.

Das Ganze war im Grunde eine Lappalie, weil der Ausbruch kurz war und der Wind schon am nächsten Tag einen Großteil der Asche wegwehte. Wenn es noch mehrere Wochen weiter-gegangen wäre, hätte die Sache ganz anders ausgesehen.

Doch als der Ausbruch am ersten Tag in vollem Gange war, wusste man ja nicht, wie lange die Katastrophe andauern würde. Rückblickend muss ich sagen, dass diese Eruption mich demü-tiger gemacht hat, gegenüber den Elementen, etwa gegenüber meiner Nachbarin Katla und ihresgleichen.

Heiða als Rednerin

Meiner Ansicht nach habe ich nicht das Recht, den Boden oder das Wasser von Ljótarstaðir zu verkaufen und damit für immer und ewig dem Land zu schaden, das mir für die Dauer eines Arbeitslebens anvertraut wurde. Ich hätte nicht gewollt, dass meine Eltern oder Großeltern einen Teil ihres Landes veräußern, um Lippenstift und einen neuen Traktor zu kaufen. Wir Menschen sind sterblich, doch das Land lebt weiter, nach uns kommen neue Menschen, neue Schafe, neue Vögel, doch das Land mit seinen Flüssen und Seen, seiner Vegetation und seinen Wüsten bleibt, es verändert sich im Lauf der Jahrhunderte, doch es bleibt.

Die Geschichte der Bewohner von Ljótarstaðir ist lang, aber keineswegs lückenlos. Unsere Nachbarin, die alte Katla, war jahrhundertelang eifrig damit beschäftigt, die Bewohner von diesem und weiteren Höfen in Skaftártunga mit Feuer und glühender Asche zu vertreiben. Doch die Asche fliegt weiter und dringt in die Grasnarbe ein, und mit der Zeit erholt sich die Vegetation immer wieder aufs Neue. Sobald es wieder grünte und das Wasser wieder sauber wurde, kamen die Menschen mit ihren Tieren zurück – mal dieselben, die vor dem Vulkanausbruch geflohen waren, mal andere. Sie richteten sich ein, hüteten ihr Vieh und ernteten ihr Heu. Lebten und starben.

Der Hof Ljótarstaðir blieb, auch wenn er zeitweise unbewohnbar war. Der Schrecken ging vorüber, und das Land erholte sich. Kraftwerke gehen nicht vorüber, sie sind unwiderruflich, und nichts erholt sich.

Wir sollten nicht versuchen, die alte Katla zu übertrumpfen.